办好中国的事情，关键在党

李君如 著

中国人民大学出版社
·北京·

图书在版编目（CIP）数据

办好中国的事情，关键在党/李君如著．—北京：中国人民大学出版社，2016.4
ISBN 978-7-300-22722-1

Ⅰ．①办…　Ⅱ．①李…　Ⅲ．①中国共产党-党的建设-研究　Ⅳ．①D26

中国版本图书馆 CIP 数据核字（2016）第 064487 号

办好中国的事情，关键在党
李君如　著
Banhao Zhongguo de Shiqing，Guanjian zai Dang

出版发行	中国人民大学出版社		
社　　址	北京中关村大街 31 号	**邮政编码**	100080
电　　话	010－62511242（总编室）		010－62511770（质管部）
	010－82501766（邮购部）		010－62514148（门市部）
	010－62515195（发行公司）		010－62515275（盗版举报）
网　　址	http://www.crup.com.cn		
	http://www.ttrnet.com(人大教研网)		
经　　销	新华书店		
印　　刷	涿州市星河印刷有限公司		
规　　格	160 mm×235 mm　16 开本	**版　　次**	2016 年 4 月第 1 版
印　　张	14.75 插页 2	**印　　次**	2021 年 3 月第 6 次印刷
字　　数	167 000	**定　　价**	38.00 元

序

Preface

书可以有序言，也可以没有序言。这本书尽管只有十几万字，但考虑到书的内容，还是需要一篇序言，把书中应该讲而又在各部分无法讲的内容放在这里先讲一下。这也许可以帮助读者更好地理解这部小书。

（一）

常委会的同志要聚精会神地抓党的建设，这个党该抓了，不抓不行了。①

中国要出问题，还是出在共产党内部。②

办好中国的事情，关键在党。③

这些话，言简意赅，触目惊心。是谁说的？从这些话的语言风格看，显然是邓小平说的。确实，这是邓小平说的，或是邓小平讲话的精神。

从这些话中，我们可以看到，邓小平对于改革开放新时期党

---

① 《邓小平文选》，1版，第3卷，314页，北京，人民出版社，1993。

② 同上书，380页。

③ 这是根据邓小平1992年南方谈话精神提炼出来的，中共中央宣传部印发的《邓小平同志建设有中国特色社会主义理论学习纲要》作了初步提炼，后来正式写进了党的十七届四中全会通过的《关于加强和改进新形势下党的建设若干重大问题的决定》。

的建设的重视已经到了无以复加的程度！

在中联部2015年9月8日举办的中国共产党与世界对话论坛上，我引用了邓小平这些语重心长的论断中的几句话。没有想到，这些话引起了媒体的关注。

媒体把我在会上讲的一些话披露后，在社会上引起了共鸣。这一现象，说明邓小平的这些话在今天依然有指导意义。中国人民大学出版社的领导和编辑对此十分重视，他们设法联系上了我。在中国人民大学校园内的一家咖啡馆，我们见了面，聊得很开心，我同他们在许多问题上有共同语言。他们希望我能够为他们写一本关于党的建设的小书，我答应了。书名按照出版社的要求，就定为《办好中国的事情，关键在党》。

这就是读者面前这本书的由来。

（二）

虽然写这本书的原因简单得不能再简单了，但是“办好中国的事，关键在党”这句话的含义却不那么简单。

什么是“中国的事情”？什么叫“关键在党”？还是需要简要地讨论一下的。

“中国的事情”，多得无法一一讲全、讲清楚，只能从大的方面来讲。

青年毛泽东说过：“世界什么问题最大？吃饭问题最大。”[①] 为什么中国这样一个农业大国长期解决不了人民的吃饭问题？在毛泽东成为马克思主义者以后，他认识到，帝国主义对中国的侵略

① 《毛泽东早期文稿》，292页，长沙，湖南出版社，1990。

和掠夺、封建主义对人民的统治和剥削，是导致中国贫困落后的万恶之源，这样，他对中国问题的认识和分析就进入一个新的境界。后来，他在创立新民主主义理论的时候分析指出，在一个半殖民地半封建的中国，要解决的社会主要矛盾是人民大众与封建主义的矛盾、中华民族与帝国主义的矛盾，因此中国人要解决吃饭问题以及其他民生问题，首先要进行反帝反封建的民主革命，推翻剥削和压迫人民的反动统治，为革命胜利后解决吃饭等民生问题、为人民谋福利创造必备的条件。他提出的公式即“真理”是：“革命加生产即能解决吃饭问题”[①]。

中国改革开放启动后，邓小平在研究中国发展战略的时候，也运用这样的方法论，指出中国在建立起社会主义的基本制度后，还只是处在社会主义初级阶段，要解决的社会主要矛盾是人民日益增长的物质文化需要同落后的社会生产之间的矛盾。为此，他为党制定了“一个中心、两个基本点”的基本路线，提出了分“三步走”实现中国现代化的发展战略。在“三步走”战略中，第一步是在20世纪80年代用10年时间解决人民的温饱问题，即解决穿衣吃饭问题。第二步则是再用10年时间“奔小康”，即在20世纪90年代实现人均GDP 800美元，在此基础上让人民生活过得更好一些。“温饱”“小康”这些提法，都是着眼于民生问题。邓小平的设想是，经过这20年打基础，到21世纪就可以用50年时间在中国基本实现现代化，这是他提出的第三步战略步骤和战略目标。在我们总体上实现第二步奋斗目标之际，江泽民同志全面考察了党领导人民取得的成就和存在的问题，在邓小平提出的第三步战略步骤即基本实现现代化的50年时间里，划出20年时间全面

① 《毛泽东选集》，2版，第4卷，1512页，北京，人民出版社，1991。

建设小康社会。当年的口号是：紧紧抓住21世纪头20年这一战略机遇期，全面建设小康社会。这样，就形成了我们今天常讲的“两个一百年”的奋斗目标——在建党100年之际全面建成小康社会，在建国100年之际基本实现现代化。习近平总书记又把中华民族伟大复兴的历史追求，同这“两个一百年”的奋斗目标结合起来，提出了为国家富强、民族振兴、人民幸福的中国梦而奋斗的宏大目标。因此，今天中国最大的事情，就是实现“两个一百年”的奋斗目标和中国梦；最迫切的任务，就是到2020年要全面建成小康社会。在全面建成小康社会这个目标中，又包括了经济、政治、文化、社会、生态文明等各个方面的任务。在经济建设方面，最突出的，就是到2020年国内生产总值和城乡居民人均收入比2010年翻一番。在社会建设方面，要致力于解决13亿多人民的民生问题，包括老百姓的就业、收入、教育、医疗、养老和扶贫等问题。这些都是“中国的事情”。

但是，研究“中国的事情”，不仅要研究我们今天的奋斗目标，还要进一步研究中国是怎么实现这样的目标的。

第一，发展。发展是解决中国所有问题的关键和基础，这是历史唯物主义的基本道理，也是中国的社会主义实践反复证明的。邓小平以他对中国问题的深刻认识，明确指出：“发展才是硬道理。”① 在今天，发展必须是创新、协调、绿色、开放、共享发展。这是以习近平同志为总书记的党中央在2015年10月召开的党的十八届五中全会上提出的发展新理念。

第二，改革。改革是在社会主义中国解放和发展社会生产力的根本动力。党的十一届三中全会以来的实践告诉我们，新时期

---

① 《邓小平文选》，1版，第3卷，377页。

最鲜明的特点就是改革，新时期的巨大成就都是改革带来的。在今天，改革是包括经济体制改革、政治体制改革、文化体制改革、社会体制改革、生态文明制度改革、国防和军队制度改革、党的建设制度改革在内的全面深化改革。

第三，稳定。国内外的经验都证明，没有稳定的环境，就没有改革和发展。稳定包括政局稳定和社会稳定，是改革和发展的社会条件和根本保证。因此，能否正确处理好改革、发展与稳定的关系，关系到中国特色社会主义事业的成败，决不可掉以轻心。

第四，治理。实践告诉我们，解决所有的“中国的事情”，就是直面矛盾、解决矛盾的过程。国家发展起来前，矛盾不少，国家发展起来后，矛盾也不会少。老的矛盾解决了，新的矛盾又会产生，老的矛盾也会以新的形式出现。而且，在今天经济全球化的年代，中国与世界的联系越来越紧密，内外矛盾也会交织在一起，情况极为复杂。于是，怎么样治理好中国，包括怎么样掌握和治理好政权、怎么样治理好社会、怎么样治理好市场包括企业等问题就突出了。因此，习近平总书记提出全面深化改革的总目标，是完善和发展中国特色社会主义制度，推进国家治理体系和治理能力现代化。这对中国共产党来讲，是一个全新的认识和全新的课题。改革开放不仅要搞活，而且要治乱，治乱不能治死，治乱也是为了搞活。治理，就是要构建一个活而有序的社会。

这四个方面的举措，不是平列的。发展是目的，改革是动力，稳定是保障，即改革、稳定都是为了发展。而治理则是通过民主和法治两个轮子，形成良性循环的制度和机制，充分发挥人民群众的积极性、创造性、主动性，促使发展能够在改革的推动和稳定的保障下有序地推进。

这些围绕实现“两个一百年”的奋斗目标和中国梦而推进的

发展、改革、稳定、治理，是不是“中国的事情”呢？毫无疑问，也是。

这两类“中国的事情”，一类是我们的奋斗目标，另一类是实现目标的举措。显然，这两类“中国的事情”是紧密相连的，是一件事情的两个方面。而奋斗目标和实现举措这两个方面合在一起，就是中国特色社会主义伟大事业，中华民族复兴的伟大事业。总起来，就是四个字：“伟大事业”。

（三）

对于执政党的中国共产党来说，要领导好这一“伟大事业”，就要推进“伟大工程”——党的建设新的伟大工程。

之所以说今天的党的建设是“新的伟大工程”，是因为党的建设是“伟大工程”这一提法是毛泽东在延安时期提出来的。[①] 这样，在中国共产党今天的话语系统中，就出现了两个“伟大”。一个是“伟大事业”，即中国共产党领导的中国特色社会主义伟大事业，中华民族复兴的伟大事业；另一个是“伟大工程”，即党的建设新的伟大工程。

这两个“伟大”的关系，是辩证统一的关系。“伟大事业”离不开“伟大工程”，“伟大工程”必须围绕和服务于“伟大事业”。

我们党十分重视党的自身建设。作为“伟大工程”的党的建设，在民主革命的时候，毛泽东就把它列为保证革命胜利的“三大法宝”之一。毛泽东曾经指出：“没有中国共产党的努力，没有中国共产党人做中国人民的中流砥柱，中国的独立和解放是不可

---

① 参见《毛泽东选集》，2版，第2卷，602页，北京，人民出版社，1991。

能的，中国的工业化和农业近代化也是不可能的。”① 为要领导，就要加强自身建设。毛泽东深刻地指出：“既要革命，就要有一个革命党。没有一个革命的党，没有一个按照马克思列宁主义的革命理论和革命风格建立起来的革命党，就不可能领导工人阶级和广大人民群众战胜帝国主义及其走狗。”② 因此，党的建设对于中国共产党这样的革命党来讲，不是可有可无、可重可轻、可以抓一阵放一阵的事情，而是要常抓不怠、常抓不懈的大事。

在党成为执政党之际和之后，毛泽东更重视党的建设。他在进城之前，就担心党在新的考验面前能不能顺利过关。在党的七届二中全会上，他已经发出了“两个务必”的警告，即执政的中国共产党务必保持谦虚、谨慎、不骄、不躁的作风，务必保持艰苦奋斗的作风。③ 但是实践告诉我们，执政党建设的难度要比没有在全国范围执政的党的建设更难。改革开放以来，从以邓小平同志为核心的党的第二代中央领导集体开辟中国特色社会主义道路开始，到以江泽民同志为核心的党的第三代中央领导集体把中国特色社会主义事业推进到 21 世纪，到以胡锦涛同志为总书记的党中央从新世纪新的起点出发坚持和发展中国特色社会主义，我们一而再、再而三地强调党要管党、从严治党。江泽民同志还从党所处的历史方位改变，强调在今天的条件下推进党的建设新的伟大工程的特别重要性。也就是说，我们党从掌握政权的第一天起，就意识到党的建设问题的重要性、严峻性。在社会主义现代化建设和改革开放新时期，更是清醒地意识到，党在今天一方面要长期执政，另一方面又要发展社会主义市场经济，还要对外开放，

① 《毛泽东选集》，2 版，第 3 卷，1098 页，北京，人民出版社，1991。

② 《毛泽东选集》，2 版，第 4 卷，1357 页。

③ 参见上书，1438～1439 页。

这样，有的党员干部就会在“权力”和“利益”的双重诱惑下，背离党的根本宗旨，违背党的基本规矩，以权谋私，胡作非为，甚至贪赃枉法，走向腐败。所以，加强执政党建设，对于中国共产党来说，是一项极其重要而又极其艰巨的任务。

这叫什么？就叫作“办好中国的事情，关键在党”。

(四)

由此决定了，“关键在党”这一论断，从大的方面来讲，包括了两个方面的内涵和要求。这就是：

第一，能否领导好中国特色社会主义事业，特别是能否领导好中国的发展、改革、稳定、治理，关键在党。

第二，能否在领导中国特色社会主义事业发展的时候，消除党自身肌体上的消极腐败现象，克服来自国内外的各种挑战和风险，关键也在党。

应该看到，这两个“关键在党”，是有区别的。前一个“关键在党”，讲的是“关键在党的领导”；后一个“关键在党”，讲的是“关键在党的建设”。

这两个“关键”，在今天党已经成为执政党的历史条件下，坚持党的领导是我们在任何时候都不能动摇的基本原则，要警惕国内外敌对势力否定党的领导的图谋；而要加强党的领导，除了要应对敌对势力的挑战外，更为重要也更为艰巨的是要解决好党内的问题，尤其是党的肌体的腐败问题。正是在这个意义上，加强党的建设对于执政党来讲特别重要。对此，我们必须有清醒的认识。

深入的研究告诉我们，要驾驭好这两个“关键”，不仅要始终保持党的先进性和纯洁性，而且要提高党的领导和执政能力，增强党拒腐防变和抵御风险的能力。

提高党的领导和执政能力，增强党拒腐防变和抵御风险的能力，是两种既有联系又有区别的能力。如果用中医的理论来讲，前一种能力是“扶正”的能力，后一种能力是“祛邪”的能力。对于人体来说，既“扶正”又“祛邪”，就可以有一个健康的体魄。如果用作战的语言来分类，前一种能力是攻击的能力，后一种能力是防御的能力。对于一支优秀的部队来说，有了这两方面的能力，就是一支攻能克、防能守的战无不胜的部队。对于我们今天的党来说，有了卓越的领导和执政能力，又有了坚强的拒腐防变和抵御风险的能力，也就能够无往而不胜，长期为人民执好政、掌好权。

应该讲，这两个方面的“能力”，也是辩证统一的。从一般意义上说，提高党的领导和执政能力是起主导作用的，要在提高党的领导和执政能力的同时，增强党拒腐防变和抵御风险的能力。但是在特殊的情况下，比如党内问题不解决党就不能健康发展的时候，增强党拒腐防变和抵御风险的能力就要在一定条件下发挥主导的作用，党就要通过反腐败、拒风险，来赢得党心人心，保持党的领导核心地位。

（五）

这样，我们就可以小结了。

要“办好中国的事情”，就要把“伟大事业”和“伟大工程”结合起来。而要把这两个“伟大”结合起来、协调推进，就要增强党的领导和执政能力、拒腐防变和抵御风险的能力这两方面“能力”。在今天，在党面临长期执政和改革开放巨大考验的面前，拒腐防变和抵御风险的问题更加突出，也更加迫切。与此同时，我们也清醒地认识到，拒腐防变和抵御风险是为了更好地保持党的先进性和纯洁性，是为了更好地提高党全心全意为人民服务的自觉性，归根到底，是为了更好地提高党的领导和执政能力，实现党承担的“办好中国的事情”的任务。

加强这两个方面的“能力”建设叫什么？就是六个字：“全面从严治党”。

经过这样的层层剖析，读者们可以体会到了吧？尽管这是一本薄薄的小书，谈论的却是“全面从严治党”这样一件大事。这是一件关系到我们党的前途和国家命运的大事。

全书的逻辑也是这样展开的：我们从“治国”与“治党”的关系讲起，强调“治国必先治党”；然后根据国情和党情强调“治党务必从严”；紧接着，依据十八大后从严治党的实践，研究了反腐败斗争和群众路线教育实践活动这两场斗争，并回答了“在我们的体制下能否坚持全面从严治党”这个重大问题；接着，讲了从严治党的关键在从严治吏，最重要的是要抓好中央最高领导层的建设；最后把坚持全面从严治党问题和价值观建设、政治体制改革、协调推进“四个全面”战略布局联系起来，落到“提高党的领导和执政能力，增强党拒腐防变和抵御风险的能力”这两个方面的“能力”建设上，即在全书最后三部分强调要“以共产党人价值观建设为重点增强拒腐防变和抵御风险的能力”“在深化政治体制改革中提高党的执政能力”“在‘四个全面’战略布局下提高党的领导能力”。在全书简短的结束语中，又回过去强调：我们今天坚持全面从严治党，归根到底，是要实现“两个一百年”的奋斗目标和中华民族伟大复兴的中国梦。

书中提出的问题，是正在实践中的课题。我们相信，实践在深化，我们对问题的认识也会深化。但不管怎么说，“办好中国的事情，关键在党”，这是真理！

目录

contents

坚持全面从严治党，靠的是行动，而不是宣言。党的十八大以来，以习近平同志为总书记的党中央坚持全面从严治党的最大特点，就是：行动。党中央秉持“治国必先治党，治党务必从严”的理念，在加强党的建设、从严治党过程中，一手抓反腐斗争，一手抓群众路线教育实践活动，惩治和教育两手一起抓，既整肃了党的队伍和党风，又在群众中树立了党的新形象。可以说，这是全党扶正祛邪的两场斗争，在党内外、海内外产生了强烈的反响。

“治国必先治党，治党务必从严”，我们说了多年，党的十八大后成为现实，大获好评。对于这一变化，有人担心能不能坚持下去，有人认为从严治党这些做法在强势领导下能够做到，但没有制度保证，难以持续。这种种担忧和想法，是需要研究和回答的。

我们讲全面从严治党，“全面”不等于没有“重点”。全面从

一、治国必先治党

“治国必先治党，治党务必从严。”多年来，我们都是这样说。十八大以来，我们不仅这样说，而且这样做。以习近平同志为总书记的党中央把治党作为治国的“先手棋”来下，对党内的消极腐败因素产生了强大的震慑力，深得党心民心。

（一）治国和治党

人类在古代是以血缘关系组织起来的，后来以个人血缘关系为基础的古代社会制度被炸毁了，代之而起的是一个新的、以地区划分和财产差别为基础的国家制度。这是恩格斯在他的名著《家庭、私有制和国家的起源》中论述过的。事实上，在中国漫长的封建社会中，国家是以地区划分的，但国家的核心统治集团是以血缘为基础形成的，即我们常讲的“家天下”。政党政治出现后，以政治信仰和政治纲领为基础组织起来的政党，取代了以血缘为基础的“家天下”的核心统治集团，于是在国家政治运作中就出现了“国家”与“政党”的关系。在现代民主政治发展过程中，进一步出现了“人民”与“国家”以及“人民”与“政党”的关系，形成了“人民”“政党”“国家”三者互动的政治构架。我国现在是中国共产党领导的人民当家作主的社会主义国家，我们在这里讨论的“治国”与“治党”的关系，是人民当家作主前提下的国家治理与党的治理之间的关系。这是首先要说明的。

治国和治党，是两个范畴。这两个范畴有不同的内容、不同的要求，但是又有共同的指向以及许多联系和交集。

要了解什么叫治国、什么叫治党，必须把它们放到整个国家治理体系中去考察和研究。习近平总书记在论述什么叫国家治理体系、什么叫国家治理能力的时候，深刻地指出：“国家治理体系和治理能力是一个国家制度和制度执行能力的集中体现。国家治理体系是在党领导下管理国家的制度体系，包括经济、政治、文化、社会、生态文明和党的建设等各领域体制机制、法律法规安排，也就是一整套紧密相连、相互协调的国家制度；国家治理能力则是运用国家制度管理社会各方面事务的能力，包括改革发展稳定、内政外交国防、治党治国治军等各个方面。国家治理体系和治理能力是一个有机整体，相辅相成，有了好的国家治理体系才能提高治理能力，提高国家治理能力才能充分发挥国家治理体系的效能。”① 由此可见，我们讲的治国，不仅仅是规范国家政权机关包括政府的行为方式，而且要科学地规范国家对政权机关（包括政府）、市场（包括企业）、社会（包括社会组织）的行为方式及其相互关系的运行方式。这是一种广义的而不是狭义的治国理念。而这样的国家治理体系又都是在党领导之下运行的，党的领导方式和执政方式改革将同国家治理体系和治理能力现代化同步推进，甚至要引领国家治理体系和治理能力现代化的推进。这一根本特点，决定了党的治理和国家治理既有不同的对象、要求和特点，又有不可分割的联系。

那么，治国和治党这两个范畴，有些什么不同呢？第一是治理的对象不同，治国的对象是国家，狭义的国家治理指的是政府治理，广义的国家治理指的是政权治理，包括国家对政府、市场（企业）、社会及其相互关系的治理；治党的对象是党，包括各级党组织、党的干部和党员，也包括党与政权机关的关系、党与企业的关系、党与社会的关系。第二是治理的依据不同，治国的依据是国家宪法和法律法规；治党的依据是党章和党的各个方面规定特别是党的纪律。第三是治理的主体不同，治国的主体是人民及其代表组成的各级人民代表大会（在人民代表大会闭会期间是

① 《习近平谈治国理政》，91 页，北京，外文出版社，2014。

其选出的常委会）；治党的主体是党员及其代表组成的各级党代表大会（在党代表大会闭会期间是其选出的中央委员会和地方、基层的党组织的委员会）。第四是执法机关不同，治国的执法机关是各级人民代表大会选出的司法机关，包括检察院和法院；治党的执法机关是各级党代表大会选出的纪律检查委员会。此外还有一些不同，比如违法或违纪的处理程序等等，都不完全相同。

与此同时，我们要认识到，治国和治党又有共同的指向，即都是治权，而不是治民。我们这里讲的“治国”，全称是“依法治国”，强调的是宪法和法律在国家治理中具有至高无上的权威性，强调要用宪法和法律规范权力的形成和运行，任何组织和个人都不能凌驾于宪法和法律之上。正如习近平同志所说的：“依法治国，首先是依宪治国；依法执政，关键是依宪执政。”[①] 也就是说，在中国，中国共产党是中国特色社会主义事业的领导核心，同时也是执政党，但是“党领导人民制定宪法和法律，党领导人民执行宪法和法律，党自身必须在宪法和法律范围内活动，真正做到党领导立法、保证执法、带头守法”[②]。同样，我们这里讲的“治党”，全称是“依章治党”或者“依规治党”，强调的是党章和党内法规在党的治理中具有至高无上的权威性，强调要用党章和党内法规规范各级党组织（包括政权机关中的党组）特别是党的领导干部的行为，按照民主集中制的原则，保证党员的民主权利，落实党的各项决议和政策。之所以在这里要强调治国和治党都是治权，而不是治民，主要是因为中国有几千年封建专制主义统治的历史，在封建社会里，也有法制。在中国历史上，还有“法家”这

---

① 《习近平谈治国理政》，141 页。
② 同上书，142 页。

一主张“以法治国”的学派。但是，封建社会强调的“法”和“法制”，主要是用来治民的。这是我们在继承历史上的法制传统时要注意的。

需要指出的是，在中国，“依法治国”和“以法治国”在汉字上仅一字之差，读音差不多，但是法律法规用以治理或管治的指向大不一样，前者可简称为“法治”，法的治理指向是权力，是治权；后者常常简称为“法制”，法的管治指向主要是黎民，或者说，主要是治民（这里之所以加上“主要”，是因为它也有“王子犯法与庶民同罪”这样的规定）。

由于治国和治党都以治权为共同指向，由此产生了许多内在的联系和交集。比如干部，这是掌握权力的一个群体，治权的一个重要方面就是用法律规范干部的用权方式和用权行为，使他们能够依法用权，为人民用权，而不违法乱纪、以权谋私，甚至贪赃枉法。其中，治党治的是党组织系统的干部，是用党章包括党纪来规范他们用权的方式和行为，但是他们如果违反的不仅是党纪，凡是涉及国法的就要移交给司法部门处理；同样，治国治的是国家政权系统的干部，是用宪法和法律法规来规范他们用权的方式和行为，但是他们中许多人是党员，是党推荐给国家政权系统并依法选举或任命的，他们的违法行为要受到法律惩处，而他们的违纪行为则要受到党纪的处分。这就是治国和治党的交集之处。在实际治理过程中，不论是党组织系统的干部，还是国家政权系统的干部，只要是党员干部首先都由党组织包括党的纪律检查委员会来处理，在处理中发现违法犯罪事实再移交给国家司法部门处理。

讨论到这里，我们可以体会到了，在中国，要治理好这个国家，不仅要搞清楚治国与治党的区别，还要注意到它们之间的紧密联系。只有这样，才能理解治国为什么必须先治党。

（二） 治国理政是当今中国的时代使命

我们强调治国必先治党，有一个重要的前提，这就是在今天，治国理政已经成为当今中国的时代要求和时代使命。

在过去30多年改革发展中，举世公认我国是世界上变化最大、发展最快的一个国家。我国在1978年开始改革开放的时候，GDP总量是3 645亿元，人均227美元。现在我国已经成为世界第二大经济体。到2014年，我国经济总量为63.6万亿元，折合10.3万亿美元，人均7 590美元。根据初步测算，现在到2020年GDP年均可望增长6.5%～7%，这就可以比2010年翻一番，人均GDP超过1万美元。特别是，改革开放以来，我国已经减少6亿多贫困人口，成绩巨大，到2020年可以实现贫困人口全部脱贫、贫困县全面摘帽。现在，我们遇到了经济下行的压力，从1978年到2010年GDP年均增长9.98%，持续30多年高速增长，这两年开始减速，2015年第三季度国内生产总值增速甚至破7，只有6.9%。但是，这在世界上还是发展最快的，比如美国2015年第二季度同比增长2.7%，日本二季度增长0.8%。特别是，我们在经济下行的时候，出现了就业趋好的势头，到2015年第三季度，城镇新增就业1 066万人，提前完成全年新增就业1 000万人以上的预期目标，而吸纳那么多就业人口的主要产业是服务业和新兴的网店等。这说明中国的经济结构在向好的方向调整。

中国经济社会发生如此巨大的变化和进步，靠的是改革开放。如果说旧中国一盘散沙，那么共产党取得天下以后，在很短的时间里面把这么一盘散沙的国家和社会组织起来了。这里，靠的是毛泽东讲过的四个字："组织起来"。把工人组织起来，把农民组织起来，把知识分子组织起来，把整个社会组织起来，在三年之内很快就荡涤了旧社会留下的污泥浊水，新中国让世人大开眼界。原来好多人，包括国民党也好，西方列强也好，看不起共产党人，说你能打天下不能坐天下，结果我们不仅坐了天下，还把这个社会井井有条地组织了起来，让老百姓过上了安居乐业的好日子。特别是，在"组织起来"的过程中，我们每个人在适当的岗位上发挥了聪明才智，比如说工厂里面，开展劳动竞赛运动，评先进工作者、劳动模范，每个人都能发挥作用。但另一方面，负面问题也出来了，这就是劳动力的流动、人才的流动受到了束缚，因此使得人民群众逐步成为一个单位人而不是一个社会人。改革开放以后，邓小平提出了新的四个字："活跃起来"。什么叫改革开放？改革开放，概括地说，就是通过体制变革把中国社会内在的生机和活力激发出来，解放和发展社会生产力。这就是邓小平在1992年南方谈话中所说的："社会主义基本制度确立以后，还要从根本上改变束缚生产力发展的经济体制，建立起充满生机和活力的社会主义经济体制，促进生产力的发展，这是改革，所以改革也是解放生产力。"① 我们都是过来人，想当年，天还是那样的天，地还是那样的地，人还是那样的人，但是改革开放一开始，人的思想一解放，劳动者的创造性积极性就被解放了，土地就被解放了，资本就被解放了，知识就被解放了，人才也被解放了，这就有了生产力大解放。这种种解放，就是搞活，把中国社会内在的生机和活力激发了出来，于是才有中国翻天覆地的大变化。讲新时期最大的特点，就是改革开放；讲改革开放最成功的经验，就

---

① 《邓小平文选》，1版，第3卷，370页。

是把中国搞活了。

事物总是一分为二的。在把中国搞活的同时，出现了许多乱象甚至败象。比如新中国成立之初已经绝迹的卖淫嫖娼出现了，吸毒贩毒出现了，黑社会出现了；特别是干部队伍中脱离群众问题越来越严重，腐败现象从滋生到蔓延，令人担忧；与此同时，由于拆迁、征地和环境污染等问题，群体性事件接二连三出现。这种种现象，概括起来，就是一个字："乱"。这就要求我们在改革开放搞活中国的同时，坚决果断地治乱。所谓"治乱"，就是坚决打击经济犯罪，完善社会主义市场经济秩序；果断惩治腐败，重塑党的形象；坚决推进民主法治，完善国家治理体系现代化。问题的复杂性，还在于搞活不能搞乱，治乱也不能治死，治乱是为了更好地搞活。也就是说，在全面深化改革中治乱，建设一个活而有序的社会，解决伴随改革发展而来的种种矛盾和问题，是改革开放发展到今天，时代对我们提出的要求。

这一切，正是解决当代中国社会主要矛盾的实践逻辑提出的课题。我们今天这个社会发展阶段的主要矛盾，是人民日益增长的物质文化需要同落后的社会生产之间的矛盾。为了解决这个矛盾，就要始终坚持以经济建设为中心，解放和发展社会生产力，为此，就要一方面坚定不移坚持四项基本原则，另一方面始终不渝坚持改革开放。在改革开放问题上，围绕解放和发展社会生产力，首先要在搞清楚社会主义本质等基本问题的基础上，突破传统生产关系的束缚，建立和发展社会主义市场经济体制；为发展市场体系，规范市场秩序，解决市场经济发展中出现的新问题，就要改革和完善上层建筑，从执政党建设着手，以保持党的先进性为目标，改革党的领导方式和执政方式；进而，就要在转变经济发展方式的同时，进一步全面深化经济体制和政治体制等各个方面的体制改革，解决国家的制度现代化问题，推进国家治理体系和治理能力现代化，完善和发展中国特色社会主义制度。这就是中国改革发展的实践逻辑提出的时代课题。

实际上，这就是以习近平同志为总书记的党中央面临的时代背景和时代使命。中国人是值得庆幸的。30 多年前，邓小平就注意到新科技革命、经济全球化正扑面而来，和平与发展正在成为时代主题，果断地领导我们在经济政治等各个领域进行改革开放。现在的任务，就是要把邓小平开写的中国特色社会主义这篇大文章写下去，写出一篇和今天的时代潮流变动的新特点相适应的治国理政好文章。

（三）为什么治国必须先治党？

既然治国理政是今天我们党所肩负的时代使命，为什么还要强调“治国必先治党”呢？事实上，正是因为要破解治国理政的难题，才要把治党问题放在国家治理的首位。

首先，这是因为中国共产党是这个国家的领导核心，国家治理是在中国共产党的领导之下进行的，因此治国必须先治党。

中国共产党和政权的关系史，和欧美许多国家不一样。比如在法国大革命、英国光荣革命、美国独立战争的时候，都还没有成型的政党。它们的政党，是在资产阶级革命胜利建立政权后，各个阶级和政治力量为角逐政权中的地位而建立的。中国则是先有政党，后有政权。中国共产党自 1921 年建立后，领导人民进行了 28 年艰苦卓绝的斗争，才赢得政权。因此，欧美这些国家政党执政的合法性，建立在它们竞选中获得的票数之上；中国共产党领导和执政的合法性，则来自这个党为人民当家作主所作出的贡献和牺牲，来自这个党掌握政权后全心全意为服务所做的一切，也来自这个党在领导国家建设过程中能够自觉地为人民坚持真理修正错误。所以，中国共产党在中国不仅是一个执政党，而且是国家和人民的领导核心。了解这一点，不仅对于了解中国的政治体制非常重要，对于了解中国共产党的建设在国家治理中的意义也非常重要。

需要进一步了解的是，“党的领导”不是一个口号，也不是漫无边际的主导范畴，而是有具体内容和具体边际的政治范畴。江泽民同志曾经对此有过具体的论述，他说：“党的领导主要是政治、思想和组织领导，通过制定大政方针，提出立法建议，推荐重要干部，进行思想宣传，发挥党组织和党员的作用，坚持依法执政，实施党对国家和社会的领导。”① 这里，请注意两点：一点是，党的领导纵向是政治、思想和组织三条管道，横向是国家和社会两个领域，这一点决定了在治国与治党关系问题上要首先治党；另一点是，党的领导不是由党包揽一切。这里的几个动词是有分寸的，党的领导在大政方针上是“制定”，在立法上是“建议”，在重要干部人选问题上是“推荐”，在思想宣传问题上是“进行”，在党组织和党员作用问题上是“发挥”，在依法执政问题上是“坚持”，这就确定了党的领导的边际，即党可以提出立法建议、推荐重要干部，但该由国家政权机关立法的、选举的，都由国家机关依照宪法和法律进行。江泽民同志强调这一点，是因为党过去曾经在这个问题上犯过错误。为了使党不再犯同样的错误，党必须加强对自己的监督。这也决定了要治理好国家，首先要提高党的领导能力，对国家实施科学的民主的领导，同时也要防止

---

① 《江泽民文选》，第3卷，555页，北京，人民出版社，2006。

党的干部以“领导”为名滥用权力。正是在这个意义上，治国必须先治党。

这里，还需要指出，在党对国家和社会的领导过程中，由党直接发挥作用的方面，诸如“制定大政方针”“进行思想宣传”“发挥党组织和党员的作用”“坚持依法执政”等方面都是在党直接领导下进行的，如果党犯错误就会直接影响到国家的前途和命运。因此，在我们讨论治国和治党关系问题时，党在这些方面的治理正确与否，会直接关系到国家建设和治理的效果。比如党的路线问题，既关系党的事业兴衰成败的第一位的问题，也关系到国家和人民的命运。“文化大革命”十年内乱，由于路线的错误，不仅使我国国民经济到了崩溃的边缘，党和国家在经济和政治上面临着十分困难的局面，同时还把人们的思想搞乱了。从“文化大革命”走出来的中国，是继续走“以阶级斗争为纲”的老路，还是走资产阶级自由化的邪路，还是闯出一条符合中国实际的能够促进社会主义发展的新路？党和国家面临着向何处去的历史抉择。在这个重要的历史关头，邓小平等老一辈无产阶级革命家勇敢地挺身而出，以 1978 年底召开的党的十一届三中全会为标志，从党的路线破题，领导全党进行拨乱反正。一是冲破“两个凡是”的思想禁锢，领导和支持真理标准问题大讨论，重新确立了党的解放思想、实事求是的思想路线；二是果断摒弃“以阶级斗争为纲”，实现全党工作重点由阶级斗争到经济建设的战略转移，与此同时，提出要坚持四项基本原则，坚持改革开放，形成了党在社会主义初级阶段的基本路线即党的政治路线；三是大刀阔斧地平反冤假错案，在解放大批老干部的基础上，提出干部要革命化、年轻化、知识化、专业化的“四化”标准，形成了适合社会主义现代化建设需要的组织路线。历史告诉我们，国家的发展前途和党的治国路线息息相关、密不可分。党的治国路线正确与否，关系到党和国家的前途命运，是治国兴国最根本的问题。回顾历史，邓小平带领我们开辟中国特色社会主义道路，是从拨乱反正开始的。邓小平抓党的建设，也是从拨乱反正开始的。研究邓小平的党的建设思想，不能离开这一历史进程和历史特点。拨乱反正，是因为有“乱”。从表面上看，是乱在社会；从实质上看，是乱在党；从根本上看，乱就乱在党的领导特别是党的路线出了大问题。因此，邓小平在治国的时候，首先抓的就是整党、治党。这是一条非常重要的经验。

同时，这是因为中国共产党是这个国家的执政党，而党在今天所处的历史方位又决定了党的建设和治理面临着前所未有的严峻考验，因此治国必须先治党。

毛泽东在党的七届二中全会向党发出的警告，说明中国共产党在当时对于执政后党面临的考验，是有预见的，是清醒的。但是，预见不等于能够阻止问题的发生，清醒不等于已经找到问题解决的办法。我们在新中国成立后，特别是在建设社会主义的过程中，还是犯了许多错误。从拨乱反正和改革开放一开始，邓小平就提出党的建设问题，强调这是关系党和国家前途命运的最根本的问题，是治国兴国的最根本的问题。在改革开放不断推进和深入的过程中，他越来越重视这个问题。1980 年 2 月，在党的十一届五中全会上，邓小平提出了一个全局性的大问题：“执政党应该是一个什么样的党，执政党的党员应该怎样才合格，党怎样才叫善于领导?”① 他强调党的十二大要回答这个问题。但是，他在改革开放过程中对这个揪心的问题的回答并不十分满意。时隔 12

---

① 《邓小平文选》，2 版，第 2 卷，276 页，北京，人民出版社，1994。

年，他在 1992 年南方谈话中还言简意赅地说过："中国要出问题，还是出在共产党内部。"[①]

在应对国内外政治风波的过程中，特别是在处理社会主义市场经济建立过程中党的建设中出现的新问题的时候，江泽民同志一而再、再而三地提出要深入思考和研究执政党建设的问题。在庆祝中国共产党成立 80 周年大会上的讲话和党的十六大报告中，他提出了著名的"党的历史方位"理论。他深刻地指出："我们党历经革命、建设和改革，已经从领导人民为夺取全国政权而奋斗的党，成为领导人民掌握全国政权并长期执政的党；已经从受到外部封锁和实行计划经济条件下领导国家建设的党，成为对外开放和发展社会主义市场经济条件下领导国家建设的党。"[②] 与此同时，他指出就在这样的环境下，在我们党的队伍里，"新党员的数量大幅度增加，干部队伍新老交替不断进行，一大批年轻干部走上领导岗位。这给党的发展带来了新活力，也提出了新挑战"[③]。党所处的历史方位变化是"外因"，党的队伍发生的变化是"内因"。"外因"通过这样的"内因"，使党发生了两个方面的变化：一方面，使党的队伍不断壮大、活力不断增强，这是主流；另一方面，党风问题日益突出、消极腐败现象不断滋生蔓延，使一些党员干部越来越脱离群众，有的从"社会公仆"变为"社会主人"(官僚)，有的从"社会公仆"变为某些利益集团和家属、亲朋好友或情人的"私仆"，走向党和群众的反面。因此，江泽民同志指出："我们必须继续围绕在新的历史条件下建设一个什么样的党和怎样建设党这个基本问题，进一步解决提高党的执政能力和领导

---

① 《邓小平文选》，1 版，第 3 卷，380 页。
② 《江泽民文选》，第 3 卷，536～537 页。
③ 同上书，282 页。

水平、提高拒腐防变和抵御风险能力这两大历史性课题，全面推进党的建设新的伟大工程。”①

应该讲，我们清醒地认识到，党的主流、我们干部队伍的主流是好的。否则，无法说明我国改革开放和现代化建设为什么能够取得那么大的成就。但是，我们党的清醒，不仅体现在对改革开放历史性成就的肯定上，更体现在对党所面临的考验和挑战的重视上。进入 21 世纪后，以胡锦涛同志为总书记的党中央反复提醒全党：“世情、国情、党情的深刻变化对党的建设提出了新的要求，党面临的执政考验、改革开放考验、市场经济考验、外部环境考验是长期的、复杂的、严峻的，落实党要管党、从严治党的任务比过去任何时候都更为繁重和紧迫。”② 这里，提出了党在长期执政和改革开放条件下面临着“四大考验”。在庆祝中国共产党成立 90 周年的时候，胡锦涛同志在再次强调这“四大考验”的同时，又加上了“四大危险”，指出“精神懈怠的危险，能力不足的危险，脱离群众的危险，消极腐败的危险，更加尖锐地摆在全党面前”③。对于这些问题，我们决不能掉以轻心。因此，研究治国问题，必须先研究执政党问题。而加强执政党的建设和治理问题，不仅要搞清楚我们的党情，包括我们党的主流和存在的问题，更为重要的是要从这样的党情出发从严治党。这也就是为什么治国必须先治党、治党必须从严的原因。

总之，作为执政党，我们承担的历史使命，是要带领人民治理好中国这个历史悠久但又地域辽阔、人口众多而又经济文化落

---

① 《江泽民文选》，第 3 卷，272 页。

② 《中共中央关于加强和改进新形势下党的建设若干重大问题的决定》，5～6 页，北京，人民出版社，2009。

③ 胡锦涛：《在庆祝中国共产党成立 90 周年大会上的讲话》，10 页，北京，人民出版社，2011。

后的大国。中国共产党勇敢地领导人民进行改革开放这场新的革命，就是为了在世界现代化的大潮中，治理好中国，发展好中国，让中华民族巍然屹立于世界民族之林。这是历史对于我们提出的要求，是时代赋予我们的重任，更是人民对于我们的期待。为不辜负历史、时代、人民的重托，中国共产党清醒而又明确地提出了“治国必先治党”的自我要求。特别是，以习近平同志为总书记的党中央更是把这一重要思想落到实处，在党的十八大后在党的建设问题上下了一个先手棋，在全党全国人民中形成了强大的震慑力。

二、治党务必从严

党要管党，从严治党，是我们党的一贯主张。现在，我们党又在十八大后的治国理政实践中秉承“治国必先治党，治党务必从严”的理念，启动了“全面从严治党”的轮子。在形成和提出“四个全面”战略布局之时，又把“全面从严治党”纳入这一战略布局。这对于我们在改革开放和现代化建设的进程中切切实实加强党的建设，具有重大的指导意义。因此，今天和今后我们的党建任务，就是要在“四个全面”战略布局下全面从严治党。

（一）“全面从严治党” 的科学内涵

我们要在“四个全面”战略布局下全面从严治党，首先要研究和回答一个基础性的问题：什么叫“全面从严治党”？

习近平总书记对于这个问题有大量的论述。特别是在2014年10月8日党的群众路线教育实践活动总结大会上，他在第一次提出“全面推进从严治党”并进行工作部署时，提出了八项要求：一是，落实从严治党责任；二是，坚持思想建党和制度治党紧密结合；三是，严肃党内政治生活；四是，坚持从严管理干部；五是，持续深入改进作风；六是，严明党的纪律；七是，发挥人民监督作用；八是，深入把握从严治党规律。同时，他强调全面推进从严治党的目的，是“两个集中”，即使从严治党的一切努力都集中到增强党自我净化、自我完善、自我革新、自我提高能力上来，集中到提高党的领导能力和执政能力、保持和发展党的先进性和纯洁性上来。联系他在各种场合关于全面从严治党的论述，我们可以认识到“全面从严治党”确实是一个具有丰富内涵的科学思想。

第一，“全面从严治党”是一个战略举措。我们知道，中国共产党是中国特色社会主义事业的领导核心，从严治党是中国特色社会主义成功的前提，是协调推进“四个全面”、实现“两个一百年”奋斗目标的根本保障。在2015年2月2日中央党校举办的省部级主要领导干部专题研讨班上，习近平总书记第一次把“四个全面”定位为“战略布局”。在这个重要讲话中，他深刻地指出：“党的十八大以来，党中央从坚持和发展中国特色社会主义全局出发，提出并形成了全面建成小康社会、全面深化改革、全面依法治国、全面从严治党的战略布局。这个战略布局，既有战略目标，也有战略举措，每一个‘全面’都具有重大战略意义。全面建成小康社会是我们的战略目标，全面深化改革、全面依法治国、全面从严治党是三大战略举措。”① 显而易见，在习近平治国理政思想中，全面从严治党不是一般的工作任务，也不是一般的工作方针，而是具有全局性、统领性的“战略举措”。这是对“全面从严治党”的重要定性和定位。

第二，“全面从严治党”关键在“从严”。客观地说，改革开放以来，我们一直在抓党的建设，每次党代会必讲加强党的建设，讲“党要管党，从严治党”，但是许多问题依然十分严重。这是什么原因呢？习近平总书记说：“这些年来，在一些地方和单位，‘四风’问题越积越多，党内和社会上潜规则越来越盛行，政治生态和社会环境受到污染，根子就在从严治党没有做到位。有些地方和单位看起来党在管党治党，但没有管到位上，没有严到份上。”② 因此，他强调：“世间事，做于细，成于严。从严是我们做好一切工作的重要保障。我们共产党人最讲认真，讲认真就是要严字当头，做事不能应付，做人不能对付，而是要把讲认真贯彻到一切工作中去，作风建设如此，党的建设如此，党和国家一切工作都如此。一切何必当真的观念，一切干一下得了的想法，一切得过且过的心态，都是对党和人民事业有大害而无一利的，都是万万要不得的！”③ “只要真管真严、敢管敢严、长管长严，而不

① 习近平：《领导干部要做尊法学法守法用法的模范 带动全党全国共同全面推进依法治国》，载《人民日报》，2015-02-03。

②③ 习近平：《在党的群众路线教育实践活动总结大会上的讲话》，载《人民日报》，2014-10-09。

是管一阵放一阵、严一阵松一阵，就没有什么解决不了的问题，就不至于使小矛盾积重难返、小问题酿成大患。”[①] 所以，今天讲全面从严治党，关键就在“从严”二字。

第三，“全面从严治党”功夫要用在“全面”。在改革开放新形势下加强党的建设，单纯抓某一个方面的建设，都难以收到良好的成效，这是我们在实践中获得的深刻认识。因此，在党的十四届四中全会上，我们把党的建设作为“新的伟大工程”提了出来。“工程”就有全面、系统之意。后来，在十五大、十六大、十七大、十八大逐步形成和完善了全面推进党的建设新的伟大工程的总体布局。这就是，要通过党的思想建设、组织建设、作风建设、反腐倡廉建设、制度建设这“五位一体”的建设，全面加强党的建设。按照习近平总书记关于“全面从严治党”的论述，“全面”不仅是指从严治党的领域包括这“五位一体”的党建总布局，而且是指从严治党的重点对象是从县处级以上到中央政治局委员和中央政治局常委包括在位的和离退休的各级领导干部，治党的对象同时也包括乡镇干部和基层党员。与此同时，习近平总书记还强调，从严治党的方法，既包括依纪惩治，也包括“照镜子、正衣冠、洗洗澡、治治病”式的教育。因此，要切实抓好全面从严治党，必须下大功夫。功夫要用在“全面”上。

第四，“全面从严治党”特点在“先治”。我们过去讲党建抓党建，文章写在最后部分，工作做在殿后保障上。形象地说，党建在足球场上是“后卫”，而不是“前锋”。我们注意到，十八大后，以习近平同志为总书记的党中央在推进中国特色社会主义事

① 习近平：《在党的群众路线教育实践活动总结大会上的讲话》，载《人民日报》，2014－10－09。

业发展的时候，秉持“治国必先治党，治党务必从严”的理念，传达学习了十八大精神后，立刻部署反腐败斗争和群众路线教育实践活动，全党上下雷厉风行抓党的建设，就像下围棋一样下了一个“先手棋”。就这样，在全党上下形成了一种整顿党的作风和队伍的强大震撼力、威慑力，谁也不再把党建看作可抓可不抓、可紧可松的软任务了。由此形成和提出的“全面从严治党”的战略思想，对于其内涵及其意义，也已经不能仅仅从字面上去理解它了。

第五，“全面从严治党”的核心是加强党的领导。党的领导是中国特色社会主义制度的最大优势，是实现经济社会持续健康发展的根本政治保证，也是我们党的基本路线中所坚持的“四项基本原则”中的核心。国内外所有敌对势力否定我们的进步、丑化我们的制度、夸大我们的不足、输入他们的价值观，都是为了否定和取消中国共产党在中国的领导。而我们党的工作中出现的问题，特别是党内出现的种种消极腐败问题，不仅为敌对势力提供口实，而且直接削弱了党与人民群众的血肉联系，削弱了党的领导能力和执政基础。当前，我们面临着党的领导弱化和脱离群众、组织涣散和纪律松弛等问题，这些问题对党的杀伤力要大大大于来自外部的诬蔑攻击。因此，坚持全面从严治党，始终要围绕坚持党的领导这一核心问题推进，在这样的问题上决不能书生气十足。

（二） 十八大关于从严治党的战略部署

中国共产党是一个有战略头脑的党，经济社会发展有战略，党的建设也有战略。十八大报告在论述党的建设问题时，既明确了总要求，又提出了八项具体任务，形成了一个从严治党的战略。

十八大根据党面临的执政考验、改革开放考验、市场经济考验、外部环境考验这“四大考验”，以及由此带来的精神懈怠危险、能力不足危险、脱离群众危险、消极腐败危险这“四大危险”，提出了党的建设总要求：“全党要增强紧迫感和责任感，牢牢把握加强党的执政能力建设、先进性和纯洁性建设这条主线，坚持解放思想、改革创新，坚持党要管党、从严治党，全面加强党的思想建设、组织建设、作风建设、反腐倡廉建设、制度建设，增强自我净化、自我完善、自我革新、自我提高能力，建设学习型、服务型、创新型的马克思主义执政党，确保党始终成为中国特色社会主义事业的坚强领导核心。”①

围绕这个总要求，十八大提出了提高党的建设科学化水平的八项具体任务。这就是：坚定理想信念，坚守共产党人精神追求；坚持以人为本、执政为民，始终保持党同人民群众的血肉联系；积极发展党内民主，增强党的创造活力；深化干部人事制度改革，建设高素质执政骨干队伍；坚持党管干部原则，把各方面优秀人才集聚到党和国家事业中来；创新基层党建工作，夯实党执政的组织基础；坚定不移反对腐败，永葆共产党人清正廉洁的政治本色；严明党的纪律，自觉维护党的集中统一。

怎么理解和执行党的建设的总要求及其八项任务呢？怎么理解和落实从严治党的战略部署呢？

第一，牢牢把握党的建设的主线、总体布局和目标。

在学习领会这一总要求和八项任务的时候，首先要把握党的

---

① 胡锦涛：《坚定不移沿着中国特色社会主义道路前进　为全面建成小康社会而奋斗》49～50页，北京，人民出版社，2012。

建设的主线、总体布局和目标。主线就是“加强党的执政能力建设、先进性建设和纯洁性建设”。同以往党的文件相比，这次主要是增加了“纯洁性建设”这一新课题。历史实践证明，要坚持党的先进性，必须保持党的纯洁性。党的队伍的壮大，是党有生机和活力的表现。但是在党执政的条件下，也会发生列宁曾经提醒过的两种情况：一种是到党内来“捞好处”的人会越来越多，一种是“徒有其名”的人会越来越多。因此，在改革开放的历史条件下加强党的建设，必须认真对待党内存在的思想不纯、政治不纯、组织不纯的问题。增强党的先进性和纯洁性，是为了更好地提高党的执政能力。围绕这样的主线，十八大提出了“五位一体”的工作布局，这就是全面加强党的思想建设、组织建设、作风建设、反腐倡廉建设、制度建设。这五大建设过去也提出来过，但是次序有些调整，这就是“反腐倡廉建设”原来是第五大建设，现在改为第四大建设，与“制度建设”换了个位置。这样的调整，显然既突出了“反腐倡廉”的重要性，也强调了所有的建设最后都要通过“制度建设”来解决。根据这样的主线和布局，明确了党的建设的目标是要建设“学习型、服务型、创新型的马克思主义执政党”。这里，“学习型”是发展之前提，“创新型”是生机之源泉，“服务型”是核心。

第二，牢牢把握党的思想建设的根本、核心和基础。

在党的建设“五位一体”的总布局中，第一位的是思想建设。这是党的建设最重要的经验。十八大报告强调，党的思想建设的基本任务是：“坚定理想信念，坚守共产党人精神追求。”[①] 这实际

---

① 胡锦涛：《坚定不移沿着中国特色社会主义道路前进 为全面建成小康社会而奋斗》，50页。

上是党的建设的“灵魂工程”，是塑造共产党人的政治灵魂和精神支柱的工程。这里，一个“根本”，就是要抓好思想理论建设；一个“核心”，就是要抓好党性教育；一个“基础”，就是要抓好道德建设。也就是说，学理论要同改造主观世界结合起来，要把科学理论转化为党性，转化为德性。其办法，就是学理论、学历史、学道德，树理想、讲党性、重品行，使得广大党员干部成为中国特色社会主义的模范建设者和优秀带头人。

第三，牢牢把握党同人民群众联系和党内民主两个关键环节。

党要有凝聚力、生命力和战斗力，一要保持党同人民群众的血肉联系，二要发扬党内民主。十八大报告在这两个方面都做出了深刻的论述和周密的部署。关于保持党同人民群众的联系，十八大强调：“为人民服务是党的根本宗旨，以人为本、执政为民是检验党一切执政活动的最高标准。任何时候都要把人民利益放在第一位，始终与人民心连心、同呼吸、共命运，始终依靠人民推动历史前进。”① 特别是，报告提出，为了解决人民群众反映强烈的突出问题，提高在新形势下做群众工作的能力，将在适当时候“在全党深入开展以为民务实清廉为主要内容的党的群众路线教育实践活动”②。关于发展党内民主，十八大报告指出，一要保障党员主体地位，健全党员民主权利保障制度，落实党员知情权、参与权、选举权、监督权；二要完善党的代表大会制度，提高工人、农民代表比例，实行党代会代表提案制；三要完善党内选举制度；四要强化全委会决策和监督作用；五要完善常委会议事规则和决策程序；六要完善地方党委讨论决定重大问题和任用重要干部票

---

① 胡锦涛：《坚定不移沿着中国特色社会主义道路前进　为全面建成小康社会而奋斗》，50～51页。

② 同上书，51页。

决制；七要扩大党内基层民主，增强党内生活原则性和透明度。与此同时，还要深化干部人事制度改革，建设高素质执政骨干队伍；坚持党管人才原则，把各方面优秀人才集聚到党和国家事业中来；创新基层党建工作，夯实党执政的组织基础。

第四，牢牢把握反对腐败这一关系到党和国家生死存亡的重大问题。

反对腐败、建设廉洁政治，是党一贯坚持的鲜明政治立场，是人民关注的重大政治问题。胡锦涛在十八大报告中振聋发聩地指出："这个问题解决不好，就会对党造成致命伤害，甚至亡党亡国。"[①] 十八大报告指出，要坚持中国特色反腐倡廉道路，坚持标本兼治、综合治理、惩防并举、注重预防方针，全面推进惩治和预防腐败体系建设，做到干部清正、政府清廉、政治清明。为此，一要加强反腐倡廉教育和廉政文化建设；二要深化重点领域和关键环节改革，健全反腐败法律制度，更加科学有效地防治腐败；三要严格执行党风廉政建设责任制；四要坚决查处大案要案，着力解决发生在群众身边的腐败问题。不管涉及什么人，不论权力大小、职位高低，只要触犯党纪国法，都要严惩不贷。

与此同时，十八大提出，要严明党的纪律，自觉维护党的集中统一。十八大要求各级党组织和广大党员、干部特别是主要领导干部一定要自觉遵守党章，自觉按照党的组织原则和党内政治生活准则办事，任何人都不能凌驾于组织之上。要坚决维护中央权威，在思想上政治上行动上同党中央保持高度一致，坚决贯彻党的理论和路线方针政策。

---

① 胡锦涛：《坚定不移沿着中国特色社会主义道路前进　为全面建成小康社会而奋斗》，54页。

十八大报告最后强调，面对人民的信任和重托，面对新的历史条件和考验，全党必须增强忧患意识、创新意识、宗旨意识、使命意识，始终保持清醒头脑，始终保持奋发有为的精神状态，始终把人民放在心中最高位置，始终保持共产党人的政治本色。只有这样，才能团结人民完成全面建成小康社会的宏伟任务，不断夺取中国特色社会主义的新胜利。

（三）把“全面从严治党”放到“四个全面”战略布局中去把握

在贯彻十八大精神过程中，以习近平同志为总书记的党中央形成和提出了一个治国理政的战略布局，这就是围绕全面建成小康社会这一战略目标，全面深化改革，全面依法治国，全面从严治党。这“四个全面”，是2014年12月14日习近平总书记在江苏考察调研时第一次提出的。2015年2月2日，在中央党校举办的省部级主要领导干部专题研讨班上，习近平总书记把这“四个全面”定位为党中央的“战略布局”。今天，我们在推进全面从严治党的时候，必须自觉地把它放到“四个全面”战略布局中去把握，去落实。

2015年2月2日在中央党校举办的省部级主要领导干部专题研讨班，主题是学习2014年底召开的党的十八届四中全会精神，专题研讨依法治国问题。习近平总书记在研讨班上全面阐述了为什么要依法治国、怎么样建设一个法治国家等重大问题。但是就在这个集中论述全面推进依法治国的重要讲话中，习近平总书记在讲话的最后部分提出了我们的战略布局是“四个全面”。我们注意到，他强调“要把全面依法治国放在‘四个全面’的战略布局中来把握，深刻认识全面依法治国同其他3个‘全面’的关系，努力做到‘四个全面’相辅相成、相互促进、相得益彰”①。

本来，“全面依法治国”就在“四个全面”之中，为什么习近平总书记还要强调“要把全面依法治国放在‘四个全面’的战略布局中来把握”呢？他的回答是：这是为了“做到‘四个全面’相辅相成、相互促进、相得益彰”。习近平总书记的这个思想，对于我们理解“全面从严治党”与“四个全面”战略布局的关系，非常有意义。

把“全面从严治党”放到“四个全面”战略布局中去把握，意味着我们要正确认识和处理全面从严治党与全面建成小康社会的关系，正确认识和处理全面从严治党与全面深化改革、全面推进依法治国的关系。

第一，要正确认识和处理全面从严治党与全面建成小康社会的关系。习近平总书记强调，在“四个全面”战略布局中，全面建成小康社会是我们的战略目标，全面深化改革、全面依法治国、全面从严治党是三大战略举措。也就是说，这“四个全面”尽管每一个“全面”都有重大战略意义，但有“战略目标”和“战略举措”之别，不能等量齐观。实际上，这“四个全面”应该是“1+3个全面”。全面从严治党与全面建成小康社会的关系，是“战略举措”与“战略目标”的关系。我们再深入思考一下，就在我们贯彻落实党的十八届三中、四中全会精神，大家的重点正放在改革和法治上的时候，习近平总书记为什么要提醒我们改革和法治都是战略举措，而全面建成小康社会才是战略目标呢？显然，他是

① 习近平：《领导干部要做尊法学法守法用法的模范 带动全党全国共同全面推进依法治国》，载《人民日报》，2015-02-03。

在强调一个重大问题，我们无论全面深化改革、全面依法治国，还是全面从严治党，都必须服务和服从于全面建成小康社会这一由党的十六大、十七大、十八大确定的战略目标。这个战略目标有许多硬指标，其中最突出的，就是到2020年，我们的国民生产总值和城乡居民人均收入要在2010年的基础上翻一番。这个问题，就是发展问题。所以，正确认识和处理全面从严治党与全面建成小康社会的关系，就是要正确认识和处理党建与发展的关系。这里，包括两个问题：一是要保持国民经济持续健康发展，必须坚持党的领导，加强党的建设，特别是加强党的作风建设和反腐败斗争；二是坚持党的领导，加强党的建设，必须有利于调动积极性，促进国民经济持续健康发展，而不是影响甚至冲击国民经济的发展。现在，我们在这两个方面都存在问题，一方面，长期以来有的地方有的部门视党建为可有可无的软任务，甚至以发展经济为由头违反党纪，胡作非为，产生了大面积的腐败问题，严重影响了党的形象和权威；另一方面，我们加强了党的建设，特别是加强了反腐败斗争的力度，从严管理干部，但在各地都发生了干部不作为、发展受影响的问题。党中央对此很重视。所以，我们在这里讨论全面从严治党与全面建成小康社会的关系，不是一个抽象的理论问题，而是一个十分现实的、需要我们下功夫去解决的实际问题。

第二，要正确认识和处理全面从严治党与全面深化改革的关系。全面从严治党和全面深化改革、全面推进依法治国的关系，是三大战略举措之间的关系。我们讲全面从严治党，不是只讲“严”，更重要的是要研究适应今天新情况的治党之策，把“从严”落到实处。这就要深化党建制度的改革创新。所以，在党的十八届三中全会通过的全面深化改革的纲领中，不仅强调经济体制、政治体制、文化体制、社会体制、生态文明体制要改革，还强调要“紧紧围绕提高科学执政、民主执政、依法执政水平深化党的建设制度改革”。应该讲，我们这两年在党建改革方面做了很多工作，但和党中央的要求相比差距还比较大，有许多新情况还需要我们认真调查研究，通过党建制度包括干部制度改革加以解决。在全面从严治党与全面深化改革的关系问题上，我们除了要继续深化党建制度改革外，还需要认识到这几年在从严治党过程中，特别是在雷厉风行反腐败过程中，为全面深化改革创造了有利的条件。比如国有企业的改革多年来深受大家关注，但有些深层次的问题解决起来非常困难。许多问题这次在反腐败的过程中暴露得很充分，这为我们深化国有企业改革创造了过去从来没有过的良好氛围和条件。

第三，要正确认识和处理全面从严治党与全面推进依法治国的关系。在党的十八届四中全会上，我们已经明确全面推进依法治国包括要“加强和改进党对全面推进依法治国的领导”，其中就包括要“加强党内法规制度建设”。四中全会决定强调，党内法规既是管党治党的重要依据，也是建设社会主义法治国家的有力保障。党章是最根本的党内法规，全党必须一体严格遵行。为此，一要完善党内法规制定体制机制，加大党内法规备案审查和解释力度，形成配套完备的党内法规制度体系；二要注重党内法规同国家法律的衔接和协调，提高党内法规执行力，运用党内法规把党要管党、从严治党落到实处，促进党员、干部带头遵守国家法律法规。这里，遇到的新问题，是党纪与国法的关系。中央领导同志强调指出，党要管党、从严治党，要靠党章党规党纪。“党纪”与“国法”不是一个概念，不能混同。党纪严于国法。党是政治组织，党规党纪保证着党的理想信念宗旨，是执政的中国共产党党员的底线；法律体现国家意志，是全体中华人民共和国公民的底线。党章规定，党员必须自觉遵守纪律、模范遵守法律。全面从严治党，就要抓全党的纪律，使纪律成为管党治党的尺子、党员不可逾越的底线。因此，在全面从严治党与全面推进依法治国的关系问题上，一要认识到全面从严治党是为了以党员干部的先锋模范行动，全面推进依法治国；二是要在全面推进依法治国的氛围中加强对执政党的全面监督，增强执政党的先进性和纯洁性，提高党的领导和执政能力，增强党的拒腐防变能力。

因此，我们在坚持“治国必先治党，治党务必从严”这一科学理念和方针的时候，必须牢记今天强调全面从严治党，是在“四个全面”战略布局下的从严治党，是围绕全面建成小康社会这一战略目标的从严治党，是和全面深化改革、全面依法治国相辅相成、相得益彰的从严治党。也就是说，坚持全面从严治党，是为了协调推进“四个全面”战略布局的实现。

三、反腐倡廉和密切党群关系的两场斗争

坚持全面从严治党，靠的是行动，而不是宣言。党的十八大以来，以习近平同志为总书记的党中央坚持全面从严治党的最大特点，就是：行动。党中央秉持“治国必先治党，治党务必从严”的理念，在加强党的建设、从严治党过程中，一手抓反腐斗争，一手抓群众路线教育实践活动，惩治和教育两手一起抓，既整肃了党的队伍和党风，又在群众中树立了党的新形象。可以说，这是全党扶正祛邪的两场斗争，在党内外、海内外产生了强烈的反响。

（一）雷厉风行的反腐败斗争

反腐败斗争，是党的十八大后全面从严治党的“第一个行动”。反腐败斗争和群众路线教育实践活动，紧密结合，相辅相成，是十八大后全面从严治党的一套“组合拳”，开创了全党加强党的建设、扶正祛邪的全新局面。

回顾十八大以来这短短两三年的历史，我们可以注意到，以习近平同志为总书记的党中央一形成，就把反腐败斗争放在突出位置。十八大闭幕只有一个半月，在送别 2012 年的 12 月 31 日，习近平总书记主持中央政治局会议，听取中央纪律检查委员会工作汇报，研究部署 2013 年党风廉政建设和反腐败工作。2013 年 1 月 22 日，新年伊始，习近平总书记就在中纪委十八届二次会议上发表重要讲话，强调要坚定不移把党风廉政建设和反腐败斗争引向深入。同年 4 月 19 日下午，习近平总书记又一次以反腐倡廉为主题进行中央政治局第五次集体学习。十八大后这些反腐败斗争的密集动作，引起了全党全社会的高度关注和赞赏，由此把反腐败斗争作为全面从严治党的“第一个行动”展示在世人面前了。

改革开放以来，伴随着干部队伍内腐败现象不断滋生蔓延，反腐败斗争也不断向纵深推进。十八大前，从陈希同、陈良宇到薄熙来等，已经有多名中共中央政治局委员这样级别的领导干部被绳之以法。十八大以来，以习近平同志为总书记的党中央雷厉风行反腐败，大刀阔斧出重拳，严厉打击惩治腐败官员，包括像周永康、徐才厚、郭伯雄、令计划、苏荣这样一批曾经或当时还手握重权的“大老虎”一一落网，可以说这几年是反腐败斗争取得重大胜利的几年，硕果累累，前所未有。从中我们体会到了，办好中国的事，关键在党，首先要切除党内的腐败毒瘤。

腐败，自有国家以来，就是各种政治肌体上的毒瘤。我国是社会主义国家，从国家的人民民主性质而言，没有腐败存在的根据和理由。但是，任何一个国家，只要有权力存在，就会有腐败滋生的土壤。恩格斯在《家庭、私有制和国家的起源》这部经典著作中深刻地指出，国家是“从社会中产生但又自居于社会之上并且日益同社会相异化的力量”[①]。也就是说，在社会矛盾特别是阶级矛盾不可调和的时候，占主导地位的阶级就会建立统治和管理社会的国家政权，国家权力产生的这一特点决定了国家权力与社会之间关系的特殊性，即国家权力的位置在社会之上，又要统治和管理社会，容易同社会“相异化”。而工人阶级政党本来是社会的一员，掌握政权后应该继续和社会打成一片，而不能因为权力处于社会之上而和社会广大人民群众相脱离。所以，马克思恩格斯反复强调，掌握国家权力的工人阶级政党及其干部要防止自己由“社会公仆”变为“社会主人”（站在社会广大人民群众对立面，主宰人民群众命运的官僚）。但是，也正由于国家权力有这样“自居于社会之上并且日益同社会相异化”的特性，因此，只要社会还需要国家权力，或者国家权力还要发挥作用，掌握国家权力的人就有可能公权私用，走向腐败。正如恩格斯在1891年为马克思的《法兰西内战》所写的导言中指出的：“国家再好也不过是在争取阶级统治的斗争中获胜的无产阶级所继承下来的一个祸害”[②]。

① 《马克思恩格斯文集》，第4卷，189页，北京，人民出版社，2009。
② 《马克思恩格斯文集》，第3卷，111页，北京，人民出版社，2009。

你看，国家权力对于胜利了的无产阶级来说，也是一个“祸害”，但我们又不得不掌握国家权力。这就是为什么在社会主义国家也会有腐败滋生蔓延的原因，这也是为什么社会主义国家掌握权力的共产党人更要反腐败的原因，这更是以习近平同志为总书记的党中央为什么要把反腐败斗争作为全面从严治党的“第一个行动”来部署和推进的原因。

党的十八大以来，习近平总书记在推进反腐倡廉建设方面发表了大量的深刻的系列重要讲话。特别是他关于“把权力关进制度的笼子里”[①]、“让权力在阳光下运行”[②] 的思想，关于“坚持‘老虎’、‘苍蝇’一起打”的决心[③]，关于反腐斗争要“形成不敢腐的惩戒机制、不能腐的防范机制、不易腐的保障机制”的思路[④]，关于“建立健全惩治和预防腐败体系”的国家战略和顶层设计[⑤]，从理论和实践上继承发展了马克思主义的反腐败思想。这些关于反腐败斗争的系列重要讲话，不仅体现了新一届中央委员会反腐败的决心和意志，而且体现了党对改革开放条件下反腐败斗争的新认识，是指导党坚持不懈推进反腐败斗争的科学指南。

那么，习近平总书记关于反腐倡廉的论述有哪些亮点呢?

第一，习近平总书记强调，要不断铲除腐败现象滋生蔓延的土壤，以实际成效取信于民。他说，党风廉政建设和反腐败斗争，是党的建设的重大任务。为政清廉才能取信于民，秉公用权才能赢得人心。为此，他要求全党坚定决心，有腐必反、有贪必肃，不断铲除腐败现象滋生蔓延的土壤，以实际成效取信于民。

---

① 《习近平谈治国理政》，385 页。

② 同上书，391～392 页。

③④ 参见上书，388 页。

⑤ 参见上书，394 页。

第二，习近平总书记强调，要建设惩治和预防腐败体系。他在领导反腐败斗争中指出，要坚持标本兼治、综合治理、惩防并举、注重预防方针，全面推进惩治和预防腐败体系建设，更加科学有效地防治腐败，推动党风廉政建设和反腐败斗争向纵深发展。他强调，要加强对权力运行的制约和监督，让权力在阳光下运行，把权力关进制度的笼子里，形成不敢腐的惩戒机制、不能腐的防范机制、不易腐的保障机制。同时，要加强反腐倡廉教育和廉政文化建设，加强反腐败国家立法，加强反腐倡廉党内法规制度建设，深化腐败问题多发领域和环节的改革，确保国家机关按照法定权限和程序行使权力。还要加强基层党风廉政建设，深入开展纠风和专项治理，认真解决发生在群众身边的不正之风和腐败问题。

第三，习近平总书记强调，反腐倡廉是一项要以踏石留印、抓铁有痕的劲头常抓不懈的艰巨任务。他反复要求全党要增强忧患意识、风险意识、责任意识，既坚定果断刹风整纪，加大办案力度，坚决遏制腐败现象蔓延势头，又树立长期作战思想，注重深化改革，健全体制机制，加强源头治理，不断铲除腐败现象滋生蔓延的土壤，不断以反腐倡廉实际成效推进廉洁政治建设。他说，反腐倡廉必须常抓不懈，拒腐防变必须警钟长鸣，关键就在“常”“长”二字，一个是要经常抓，一个是要长期抓。要以踏石留印、抓铁有痕的劲头抓下去，善始善终、善做善成，防止虎头蛇尾，让全党全体人民来监督，让人民群众不断看到实实在在的成效和变化。

第四，习近平总书记强调，要以党章和党的纪律为根本坚持反腐倡廉。总结我们党的历史经验，他强调指出要坚决维护党章的权威性和严肃性，加强对党的路线方针政策和决议执行情况的监督检查，加强对党的政治纪律、组织纪律、宣传纪律、群众工作纪律执行情况的督促检查，维护党的集中统一。他强调，遵守党的政治纪律，最核心的，就是坚持党的领导，坚持党的基本理论、基本路线、基本纲领、基本经验、基本要求，同党中央保持高度一致，自觉维护中央权威。

第五，习近平总书记强调，反腐倡廉要从作风的转变抓起，作风是否确实好转，要以人民满意为标准。他深刻地指出，工作作风上的问题绝对不是小事，如果不坚决纠正不良风气，任其发展下去，就会像一座无形的墙把我们党和人民群众隔开，我们党就会失去根基、失去血脉、失去力量。党中央提出，要认真落实中央关于改进工作作风、密切联系群众的八项规定，严格执行廉洁从政有关规定，反对形式主义、官僚主义，坚决制止奢侈浪费。要把监督执行八项规定作为经常性工作，制定监督检查办法和纪律处分规定，强化日常监督，做到出实招、动真格、见实效。各地区各部门要不折不扣执行改进工作作风相关规定，把要求落实到每一项工作、每一个环节之中。

第六，习近平总书记强调，要保持惩治腐败高压态势。他明确而又坚定地指出，我们党严肃查处一些党员干部包括高级干部严重违纪问题的坚强决心和鲜明态度，要向全党全社会表明，我们所说的不论什么人，不论其职务多高，只要触犯了党纪国法，都要受到严肃追究和严厉惩处，决不是一句空话。坚持有案必查、有腐必惩，严肃查办违纪违法案件。从严治党，惩治这一手决不能放松。要坚持“老虎”“苍蝇”一起打，既坚决查处领导干部违纪违法案件，又切实解决发生在群众身边的不正之风和腐败问题。要坚持党纪国法面前没有例外，不管涉及谁，都要一查到底，决不姑息。

第七，习近平总书记强调，要加大预防腐败工作力度，加强反腐倡廉教育，强化对权力运行的制约和监督，推进反腐倡廉法规制度建设。他指出，要大力加强反腐倡廉教育和廉政文化建设，坚持依法治国和以德治国相结合。从思想道德抓起具有基础性作用，思想纯洁是马克思主义政党保持纯洁性的根本，道德高尚是领导干部做到清正廉洁的基础。我们要教育引导广大党员、干部坚定理想信念、坚守共产党人精神家园，不断夯实党员干部廉洁从政的思想道德基础，筑牢拒腐防变的思想道德防线。

第八，习近平总书记强调，要用铁的纪律打造人民满意的纪检监察干部队伍，树立纪检监察干部忠诚可靠、服务人民、刚正不阿、秉公执纪的良好形象。他指出，抓好党风廉政建设和反腐败斗争，必须全党动手。各级党委对职责范围内的党风廉政建设负有全面领导责任。要坚持和完善反腐败领导体制和工作机制，发挥好纪检、监察、司法、审计等机关和部门的职能作用，共同推进党风廉政建设和反腐败斗争。同时，他指出要支持纪检监察机关开展工作，关心爱护纪检监察干部。特别要注意保护那些党性强、敢于坚持原则的同志，为他们开展工作创造条件。各级纪检监察机关要加强干部队伍建设，提高履行职责能力和水平，更好发挥监督检查作用。

第九，习近平总书记强调，要积极借鉴我国历史上优秀廉政文化，不断提高党的领导水平和执政水平、提高拒腐防变和抵御风险能力，确保党始终成为中国特色社会主义事业的坚强领导核心。他强调，深入推进党风廉政建设和反腐败斗争，需要坚持发扬我们党在反腐倡廉建设长期实践中积累的成功经验，需要积极借鉴世界各国反腐倡廉的有益做法，也需要积极借鉴我国历史上反腐倡廉的宝贵遗产。研究我国反腐倡廉历史，了解我国古代廉政文化，考察我国历史上反腐倡廉的成败得失，可以给人以深刻启迪，有利于我们运用历史智慧推进反腐倡廉建设。

正是在这样全面、系统、深刻的反腐倡廉思想指引下，十八大以来的反腐败斗争取得了改革开放以来最引人注目的进展和成就。与此同时，也使人们看到了中国共产党敢于自我揭短、善于自我更新、能够自我完善的意志和能力。也就是说，中国共产党不仅知道“办好中国的事情，关键在党”的道理，而且能够按照这个道理，紧紧抓住“办好中国的事情”的“关键”，坚持从严治党。

（二） 大张旗鼓的群众路线教育实践活动

如果说雷厉风行开展反腐倡廉斗争，能够像外科医生那样割除党的肌体上的毒瘤，那么大张旗鼓进行群众路线教育实践活动，则能够像内科医生那样医治党的肌体内部器官的疾病，或者像中医那样调理好党的肌体的经脉，在党群关系上破解脱离群众这一执政党的“最大危险”。党的十八大召开半年后，以习近平同志为总书记的党中央把开展以为民、务实、清廉为主要内容的群众路线教育实践活动，作为党的建设的重头戏摆上了议事日程。这是落实十八大提出的全面建成小康社会的根本保证，也是提高党的建设科学化水平的迫切需要。

这个活动，从2013年6月部署到2014年10月总结，历时近一年半，认认真真而不走过场，震慑全党又深得民心，取得了明显的效果。这场教育实践活动，同时进一步告诉了我们：办好中国的事情，关键在党，尤其在密切党与群众的血肉联系。

要全面深刻地认识这场教育实践活动，在全面从严治党战略举措中的地位和作用，就要深入搞清楚党的十八大后党中央为什么要开展群众路线教育实践活动、这场教育实践活动是怎么样部署和开展的、这场教育实践活动的关键是什么、在这样的教育实践活动中怎么样把坚持老传统与解决新问题结合起来等问题。

第一个问题是，开展群众路线教育实践活动意义何在?

我们知道，“群众路线”这个概念，是 1929 年 9 月 28 日在《中共中央给红军第四军前委的指示信》中第一次提出的。在长期的革命实践中，群众路线已经成为党的生命线和根本工作路线。这一工作路线，体现了马克思主义的群众观点和党的群众工作方法，其主要内容就是“一切为了群众，一切依靠群众，从群众中来，到群众中去”。在进入 21 世纪的今天，党中央为什么要把这一问题重新提到党的建设首要问题来考虑呢? 这里，我们可以从党的事业、党的建设、党的执政能力这三个方面，谈一谈开展群众路线教育实践活动的必要性和重要性问题。

首先，从党的事业来看，开展群众路线教育实践活动，是凝聚中国力量、实现“中国梦”的迫切需要。党的十八大举世瞩目，十分成功。党代会后的任务是，怎么把这样一个具有划时代意义的党代会精神转化为全国各族人民的共同追求和精神力量。这是贯彻落实十八大精神必须精心研究和认真解决的重大课题。因为党代会是党的事，是 8 000 多万党员的事，而党代会讨论的又是全国人民的事，这里就有一个怎么样把党的主张与人民的要求统一起来的问题。这不仅有一个党怎么样反映人民诉求的问题，还有一个怎么样把党的意志转化为人民共识和人民行动的问题。记得党的七大闭幕时，毛泽东在致词时对于怎么样贯彻好党代会精神讲了“两个觉悟”：一是，首先要使先锋队觉悟，下定决心，不怕牺牲，排除万难，去争取胜利；二是，要使广大人民群众觉悟，甘心情愿和我们一起奋斗，去争取胜利。为了把党代会的精神转化为广大人民群众“甘心情愿和我们一起奋斗”的共识，他讲了一个“愚公移山”的故事，要求我们广大党员干部用自己的模范行动去“感动”群众这个“上帝”。习近平总书记在十八大后，不失时机地提出“实现中华民族伟大复兴，就是中华民族近代以来最伟大的梦想”[①]。这一举措，在党与群众之间架起一座直通的桥梁，使得十八大精神能够转化为全国各族人民的共识；同时，要求我们更好地密切党与群众的联系。这就需要我们开展党的群众路线教育实践活动，以自己的先锋模范作用去“感动上帝”即感动广大人民群众，凝聚起强大的中国力量，让人民群众“甘心情愿和我们一起奋斗”，为实现伟大的“中国梦”而奋斗。从中我们可以体会到“十八大”“中国梦”“群众路线教育”这三件事，是有内在联系的。

其次，从党的建设来看，开展群众路线教育实践活动，是按照党的建设的总体布局解决党内存在的突出问题，保持党的先进性和纯洁性的迫切需要。加强党的建设，为什么要抓群众路线问题？这是因为，我们党的最大政治优势是密切联系群众，党执政后的最大危险是脱离群众。抓群众路线教育实践活动，就是直面这个“最大危险”，破解这个“最大危险”。今天，在全党深入开展以为民、务实、清廉为主要内容的党的群众路线教育实践活动，提高在新形势下做群众工作的能力，解决人民群众反映强烈的突出问题，非常有针对性。

最后，从提高党的执政能力来看，开展群众路线教育实践活动，是巩固党执政的群众基础、改进党的领导方式和执政方式、

---

① 《习近平谈治国理政》，36页。

提高党的执政能力的迫切需要。应该看到，今天讲群众路线和革命战争年代讲群众路线，是有不同情况和要求的。因为在我们党成为执政党后，党同群众、干部同群众的角色和关系发生了变化。在革命战争年代，党和人民群众、干部和人民群众有共同的斗争对象，大家在一个战壕里面，关系是鱼水关系、血肉关系。现在我们党成为执政党了，执政党手中掌握的权力是公共权力，角色是社会管理者、领导者，群众在就业、医疗、教育、住房、养老等问题上的诉求，只能向执政党及其领导的政府提出来；群众在征地、拆迁等直接触及切身利益的事情，更会把问题追究到我们执政党及其领导的政府头上；至于我们工作做的不好，脱离群众，那更是要遭到群众的批评。因此，我们今天所讲的群众路线问题是在现代化进程中“革命党”向执政党转型中发生的问题，是我们必须认真研究和正确对待的新问题。在这个意义上，我们可以说，开展新形势下的群众路线教育实践活动，就是要积极解决在改革开放过程中怎么样巩固党执政的群众基础、改进党的领导方式和执政方式、提高党的执政能力的问题。

因此，我们在思考和研究十八大后党中央为什么要那么大张旗鼓并且认认真真开展群众路线教育实践活动这一问题的时候，首先要很好地学习和领会习近平总书记十八大以来关于这一决策的一系列重要论述，学习和领会中央关于开展这一活动的工作会议的重要精神，认识其深刻而又实际的重大意义。

第二个问题是，怎么开展群众路线教育实践活动?

回顾和总结党中央关于开展这场教育实践活动的要求和部署，大体上可以概括为五个“主要”：

一是主要目的。在中央关于开展这场教育实践活动的指导思想中，已经讲清楚了这场活动的目的，是要保持党的先进性和纯洁性，切实加强全体党员马克思主义群众观点和群众路线教育，着力解决人民群众反映强烈的突出问题，提高做好新形势下群众工作的能力，为推动经济持续健康发展、全面建成小康社会、实现中华民族伟大复兴的中国梦提供坚强保证。

二是主要对象。中央明确，这次集中教育实践活动，以县处级以上领导机关、领导班子和领导干部为重点。

三是主要内容。十八大已经明确，这次教育实践活动是以为民、务实、清廉为主要内容的群众路线教育实践活动。

四是主要任务。中央一开始就决定从 2013 年下半年开始，用一年左右时间，在全党自上而下分批开展党的群众路线教育实践活动。主要任务是，把贯彻落实中央八项规定精神作为切入点，聚焦于作风建设，进一步解决形式主义、官僚主义、享乐主义、奢靡之风这四股歪风。这些问题，已经严重损害党在人民群众中的形象，严重损害党群干群关系，严重损害党的工作和党的事业，必须认真加以解决。

五是主要做法。中央一开始就明确，要以整风精神开展批评与自我批评，把“照镜子、正衣冠、洗洗澡、治治病”的总要求贯穿在教育实践活动全过程。

与此同时，中央强调，要很好地领会这些精神，全面地落实这些精神，把这场教育实践活动认认真真、扎扎实实地开展好。

当然，十八大后，我们坚持党的群众路线，不是简单地恢复或弘扬这一传统就可以解决问题的。因此，必须研究新形势下群众工作面临的新问题，创新党的群众工作。

一要以转变作风为前提做好群众工作。过去，我们的干部骑着自行车下基层，戴着草帽进农户，朴素的工作作风，平易近人的交流，群众能同干部讲真心话，群众工作富有成效。这几年，我们许多干部小车进小车出，从家门到机关门，从会场到宾馆，同基层群众接触少了；即使到基层也是前呼后拥一大堆人陪同，而且不会讲群众语言。与此同时，一些群众工作做得比较好的地方，干部经常上街下乡，直接听取群众意见，甚至直接到有意见想上访的群众那里谈心，人对人、面对面、手拉手、心连心，也没有官腔，效果很好。这些情况和经验告诉我们，切实转变作风，做到群众的门走得进、群众的话听得进，是做好新形势下群众工作的前提。

二要以信任为纽带做好群众工作。现在，我们面临的一个大问题，是许多群众对一些干部缺乏信任。这是做好群众工作的一大障碍。出现这种情况，原因很复杂，既有这些地方平时做表面文章，大话空话多、许诺多，实际上没有落实、没有做到，失信于民，也有这些地方个别干部言行不一，说一套做一套，致使党委和政府公信力降低，还有社会舆论的负面导向影响，等等。与此同时，我们也注意到，许多地方不仅党委和政府的话有权威性，而且群众遇到问题不信小道信正道，群众工作比较好做。因此，做好新形势下的群众工作，不在于对群众提这样那样的要求，而在于我们的广大干部通过实实在在的做法取信于民，能够真正获得广大群众的信赖、理解和支持。

三要以解决实际问题为基础做好群众工作。分析现阶段党群关系、干群关系中存在的问题，我们可以注意到，群众的意见和不满，大部分不是针对党和政府的，而是针对一些具体做法和事情的。即使有一些“雷人”“雷语”，也仅仅是一个矛盾的引爆点。因此，我们要做好群众工作，重点是要通过调查研究解决群众最关心最直接最迫切要求解决的问题。许多地方的经验证明，只要我们帮助群众解决生产生活中的实际困难，尤其是努力满足群众在就业、教育、医疗卫生、社会保障等方面的合理要求，群众就会发自内心地拥护党和政府。

四要以制度为保障做好群众工作。我们党做群众工作的经验告诉我们，群众工作是一项经常性的工作，而不是一项突击性的工作；是一项党委、政府、政协和工青妇等人民团体共同要做的工作，而不只是党委或群众团体做的工作。因此，做好群众工作的可靠保障，是健全的制度。过去有的制度好的还要坚持和完善；已经不适合新情况的制度不取消就会成为形式主义的东西，影响群众工作的成效；更重要的是，要创造适应今天新情况的新制度。比如，有的地方长期坚持“民主恳谈会”这样的协商民主形式，把群众工作制度化了。有的地方实行“党员志愿者”制度，及时帮助群众排忧解难，改善了党在群众中的形象。诸如此类的经验都告诉我们，以制度为保障做好群众工作才会取得实效。

五要把服务群众与教育群众结合起来做好群众工作。做群众工作，要以服务群众为重点，同时还要敢于讲话，对群众中出现的一些不良现象和不合理的诉求进行教育引导，用真心把“服务群众”与“教育群众”联结起来，这样才是真正的关心和爱护群众。

总之，我们要认真研究和总结新形势下的群众工作经验，积极推进群众工作的创新实践，努力形成在新形势下坚持群众路线的长效机制。通过制度化、规范化、程序化的群众工作，凝聚起强大的中国力量，为实现中华民族伟大复兴的“中国梦”而奋斗。

第三个问题是，群众路线教育实践活动成功与否的关键是什么?

以习近平同志为总书记的党中央同改革开放以来历届党中央一样，清醒地认识到，密切联系群众是党最大的政治优势；脱离群众是党执政后最大的危险。习近平总书记和党中央决定直面这一“最大危险”，根据十八大的决策，经过充分的调查研究等准备工作，在2013年6月18日召开工作会议，部署党的群众路线教育实践活动。习近平总书记强调，这次教育实践活动以县处级以上领导机关、领导班子、领导干部为重点；以为民、务实、清廉为教育实践活动的主要内容；以解决形式主义、官僚主义、享乐主义和奢靡之风这“四风”问题为主要任务；以“照镜子、正衣冠、洗洗澡、治治病”为总要求；以整风精神开展批评和自我批评为主要方法；要通过这次教育实践活动建立起密切联系群众的长效机制。

这里的关键，是能不能真正做到以整风精神开展批评与自我批评。在这次群众路线教育实践活动中，党中央一开始就强调要以整风精神用好批评与自我批评这个武器。习近平总书记在他联系的河北省，对省委领导怎么样开展认真的批评和自我批评作了具体的指导，在全党产生了重大的影响。在学习和领会习近平总书记的重要讲话和中央精神的时候，应该进一步了解中央为什么在这次群众路线教育实践活动中，强调要以整风精神用好批评与自我批评这个武器。

首先，批评与自我批评是保持党的先进性和纯洁性的利器。中国共产党是一个具有先进性和纯洁性的党。这里所说的先进性和纯洁性，包括了中国共产党是一个既坚持全心全意为人民服务根本宗旨，又坚持实事求是思想路线的党，即一个能够为人民坚持真理、又能够为人民修正错误的党。而批评与自我批评正是这样一个通过积极的思想斗争来保持党的先进性和纯洁性的有力武器。正是在这个意义上，我们党在实践中形成的三大作风，不仅包括理论联系实际、密切联系群众，还包括批评与自我批评。而且，这种批评与自我批评，也是党在民主政治上的先进性即自觉坚持党内民主的一种体现。正如毛泽东曾经说过的，有无认真的自我批评，是共产党区别于其他政党的显著特点。我们要在群众路线教育实践活动中，使党的先进性和纯洁性能够在今天新的历史条件下得以保持和发扬，必须由领导干部带头，认认真真地开展批评与自我批评。

其次，批评与自我批评也是坚持党的群众路线的基本要求。我们已经知道，群众路线是与实事求是的思想路线相统一的工作路线。在认识论中，从物质到精神，从实践到认识，是认识的第一次飞跃；从精神到物质，从认识到实践，是认识的第二次飞跃。在群众路线的工作路线中，同认识上第一次飞跃相对应的是“从群众中来”，同认识上第二次飞跃相对应的是“到群众中去”。毛泽东说，在认识论中，第二次飞跃“比起前一次飞跃来，意义更加伟大”①。这是因为，第二次飞跃不仅是理论指导实践的过程，而且是实践检验理论、丰富和发展理论的过程。因此，在群众路线中，“到群众中去”也承担着领导发动和组织群众、群众监督领导、在群众实践中完善和发展领导决策的任务。这就决定了，我们今天开展群众路线教育实践活动，内在地包含了领导干部要自觉开展批评与自我批评、自觉接受群众监督的要求。

再次，批评与自我批评更是解决党的作风上存在的突出问题的有力举措。正如中央政治局所指出的，当前，党员干部贯彻落实党的群众路线总体是好的，在联系服务人民群众方面做了大量富有成效的工作，但也存在着不符合为民、务实、清廉要求的问题。特别是有的领导机关、领导班子和一些领导干部形式主义、

① 《建国以来毛泽东文稿》，第10册，300页，北京，中央文献出版社，1996。

官僚主义、享乐主义突出，奢靡之风严重，主要表现在理想信念动摇，宗旨意识淡薄，精神懈怠；贪图名利，弄虚作假，不务实效；脱离群众，脱离实际，不负责任；铺张浪费，奢靡享乐，甚至以权谋私、腐化堕落。这些问题，已经严重损害党在人民群众中的形象，严重损害党群干群关系，而多年来这些问题不仅没有得到解决，反而还在不断蔓延，其中一个重要原因，是因为搁置了批评与自我批评这把刀子。群众中调侃说："新三大作风是：理论联系实惠，密切联系领导，表扬与自我表扬。"其实，这正是一种衰败之风，而不是什么新风。今天，要解决党内存在的突出问题，必须动一动批评与自我批评这把刀子了。

最后，开展批评与自我批评就是要坚持这次群众路线教育实践活动的总要求。

中央强调，在这次群众路线教育全过程中要贯穿一个总要求。这就是 12 个字："照镜子、正衣冠、洗洗澡、治治病"。贯彻这 12 个字的要求，就是要开展好批评与自我批评。

照镜子，主要是以党章为镜，对照党的纪律、群众期盼、先进典型，对照改进作风要求，在宗旨意识、工作作风、廉洁自律上摆问题、找差距、明方向。这是开展批评与自我批评的首要环节和基本前提。开展批评与自我批评不是整人，而是一种马克思主义的自我教育，因此首先要进行自我对照、自我批评。古人说："以铜为镜，可以正衣冠；以古为镜，可以知兴替；以人为镜，可以明得失。"对于我们共产党人来讲，不仅要以"铜""古""人"为镜，更要以"党章""纪律""民意"为镜，以此来对照自己的思想和言行。在集中开展群众路线教育实践活动的时候，这样想一想、照一照，更有必要。

正衣冠，主要是按照为民务实清廉的要求，勇于正视缺点和不足，严明党的纪律特别是政治纪律，敢于触及思想、正视矛盾和问题，从自己做起，从现在改起，端正行为，自觉把党性修养正一正、把党员义务理一理、把党纪国法紧一紧，保持共产党人良好形象。这是开展批评与自我批评的基本条件。古人做官有官帽官服，上朝、出巡、上堂、见客之前都要正衣冠。因此，正衣冠，就是要正形象、正行为，即正官风、立官德。对于我们共产党人来讲，我们当干部不是为了做官，而是要更好地为人民服务，为人民谋利益。在开展群众路线教育实践活动的过程中，进行批评与自我批评，就是要正一正干部队伍中那种对待群众的错误立场、蛮横态度和官僚作风，树立共产党人对待人民群众的正确立场、态度和作风，用以解决新时期干群关系问题。

洗洗澡，主要是以整风精神开展批评与自我批评，深入分析发生问题的原因，清洗思想和行为上的灰尘，保持共产党人政治本色。这是开展批评与自我批评的基本方法。领导班子的团结，是做好工作的重要条件，但是这种团结不是建立在无原则的姑息迁就上的；领导干部之间的和睦相处，是领导班子团结的重要基础，但是这种和睦相处不是无原则的一团和气。历史实践告诉我们，能不能经常地自觉地拿起批评与自我批评的武器，开展积极健康的思想斗争，是衡量一个领导班子是否坚强有力、一个领导干部是否具有一身正气的重要尺度。为此，我们建立了党内各级领导班子的民主生活制度。在开展群众路线教育实践活动中，更要通过这样的积极而又健康的思想斗争，让每一个领导干部洗一洗身上的污垢，清一清每一个领导班子的肌体，有的还要给他一个丝瓜筋，帮他搓搓澡，让我们的干部能够以清新、清明、清正的新形象出现在群众面前。

治治病，主要是坚持惩前毖后、治病救人方针，区别情况、对症下药，对作风方面存在问题的党员、干部进行教育提醒，对问题严重的进行查处，对不正之风和突出问题进行专项治理。这是开展批评与自我批评的基本目的。我们党自延安整风开始，就一直强调开展批评与自我批评是为了治病救人，包括惩前毖后也是为了治病救人。在建设社会主义的过程中，又强调“团结—批评与自我批评—团结”，即开展批评与自我批评是为了增强团结而不是要增加矛盾。但不管是“救人”还是“团结”，都必须先“治治病”。而且，为了保持党的先进性和纯洁性，解决思想不纯、政治不纯、组织不纯等问题，该动手术的还要动手术，该处理的违法违纪问题还要坚决处理。

第四个问题是，怎么以改革的精神探索和创新群众工作方法?

在改革开放以来的长期实践中，我们已经注意到，今天坚持党的群众路线，不是简单地恢复或弘扬这一传统就可以解决问题的。习近平总书记要求我们，必须深入研究新形势下群众工作面临的新问题，创新党的群众工作。

如前所说，做好群众工作的可靠保障，是健全的制度。制度虽然不是万能的，但没有制度则是万万不能的；有制度比没有制度要好，但有制度不执行更不好；制度是好东西，但制度不能与时俱进就不能发挥好作用。因此，过去没有的制度要建立，过去好的制度要坚持和完善，已经不适合新情况的制度要取消，已经成为形式主义的所谓“制度”万万要不得。更重要的是，要创造适应今天新情况的新制度。经验告诉我们，以制度为保障做好群众工作才会取得实效。

一要创新经常性的联系群众制度。我们要做好群众工作，重点是要通过调查研究解决群众最关心最直接最迫切要求解决的问题。许多地方的经验证明，只要我们帮助群众解决生产生活中的实际困难，尤其是努力满足群众在就业、教育、医疗卫生、社会保障等方面的合理要求，群众就会发自内心地拥护党和政府。根据党中央的安排，这次教育实践活动的后期，从中央到地方致力于形成一些能够促进干部紧密联系群众的长效机制，包括定期到基层调查研究的制度、各级干部到基层和群众同吃同住同劳动制度等，让干部能够经常性地深入了解群众疾苦，直接听取群众意见，积极解决群众迫切要求解决的问题。

二要创新科学决策与民主决策相统一的决策机制。这几年频频发生的群体性事件，都同我们的决策机制不健全、群众对一些干部缺乏信任有关系。出现这种情况，原因很复杂，既有这些地方平时做表面文章，大话空话多、许诺多，实际上没有落实、没有做到，失信于民，也有这些地方个别干部言行不一，说一套做一套，致使党委和政府公信力降低，还有社会舆论的负面导向影响等。与此同时，我们也注意到，许多地方不仅党委和政府的话有权威性，而且群众遇到问题不信小道信正道，群众工作比较好做。党的十八大提出，要健全社会主义协商民主制度，强调要坚持协商于决策之前和决策之中。我们在贯彻群众路线的时候，要把地方和基层的协商民主制度建立起来，让广大人民群众充分享有知情权、参与权、表达权、监督权，让党委和政府的决策经过群众协商并获得群众的支持，实行决策中的群众路线。

三要创新群众监督机制。以解决实际问题为基础做好群众工作。群众路线要贯彻好，一个十分重要的问题，要在正确认识群众与干部关系的基础上，把我们的工作自觉地置于群众的监督之下。习近平同志明确提出，我们提出要健全权力运行制约和监督体系，让人民群众监督权力，让权力在阳光下运行，把权力关进制度的笼子里。这几年，群众的舆论监督包括网络监督发展很快，尽管其中也有一些值得研究的问题，但总体趋势是好的。现在各地都在探索怎么样建立健全群众监督制度问题，比如有的地方发挥政协委员的作用，把监督工作制度化、规范化。这些经验都值得重视。

四要创新应急机制。现在我们经常遇到一些突发事件，有的地方还因没有能够处理好突发事件酿成大事。在突发事件发生时，要不要依靠群众化解矛盾？用什么样的机制化解矛盾？这是一个需要认真研究的课题。我们要努力在实践中积累这方面的经验，创新突发事件应急机制。

在以制度为保障做好群众工作时，我们还要注意把服务群众与教育引导群众结合起来。毛泽东在论述群众工作的时候，总是强调既要反对命令主义，又要反对尾巴主义。做群众工作，要以服务群众为重点，同时还要敢于讲话，对群众中出现的一些不良现象和不合理的诉求进行教育引导，用真心把“服务群众”与“教育群众”联结起来，这样才是真正的关心和爱护群众。

在群众路线教育实践活动取得众多成果的同时，习近平总书记还要求全党，要认真研究和总结新形势下的群众工作经验，积极推进群众工作的创新实践，努力形成在新形势下坚持群众路线的长效机制。通过制度化、规范化、程序化的群众工作，凝聚起强大的中国力量，为实现民族复兴的“中国梦”而奋斗。

总之，我们注意到，党的十八大后雷厉风行开展的反腐败斗争，和大张旗鼓进行的群众路线教育实践活动相结合，不仅形成了“治国必先治党，治党务必从严”的战略态势，而且把“办好中国的事情，关键在党”的深刻理念落到了实处，以党的建设新气象促进了改革和发展的顺利推进。

四、在我们的体制下能否坚持全面从严治党？

“治国必先治党，治党务必从严”，我们说了多年，党的十八大后成为现实，大获好评。对于这一变化，有人担心能不能坚持下去，有人认为从严治党这些做法在强势领导下能够做到，但没有制度保证，难以持续。这种种担忧和想法，是需要研究和回答的。

（一） 在自我监督中从严治党

对于中国共产党在十八大后从严治党的评价，无论在党内还是在党外，无论在国内还是在国外，众口一词，高度肯定。但在肯定之余，也有各种各样的质疑之声，这就是我们在这里要讨论和回答的一个大问题：在中国共产党一党长期执政的体制下，能否始终坚持全面从严治党？

在中联部2015年9月8日举办的中国共产党与世界对话论坛上，为回答这一大问题，我作了一个发言，题目是《中国共产党如何在自我监督中从严治党？》。发言后又同来自世界各国的前政要和专家、学者进行了坦诚的对话。

这里，我把当时的发言提纲全文抄录如下：

> 国际社会已经注意到，中国共产党十八大以来，坚持不懈加强党的建设，雷厉风行开展反腐败斗争。关注中，有赞赏的，也有疑虑的。疑虑之一，是中国共产党实行的不是西方的两党制或多党制，不是两院制，在这样的政治体制下，谁来监督一党长期执政的中国共产党，中国共产党能够从根本上解决腐败问题吗？
>
> 在回答这个问题之前，我先讲两个小故事。
>
> 去年5月，有关媒体来采访我，说人民出版社出版了一本只有6万字的小书，这本书既不是小说、报告文学之类的文艺作品，也不是思想、政论或学术著作，书名叫《十八大以来廉政新规定》，第一次印刷25 000册，一上市就被抢购一空。

他们希望我谈一下，这是什么原因。

今年5月，我侄子结婚，弟弟打电话请我担任证婚人。我当即问他，请了多少人，办多大规模的酒席，有没有违反规定？我自己也查了党的干部参加婚礼的有关规定。直到我们确认都没有违反规定，我才高高兴兴地答应当证婚人，并且叮嘱弟弟在司仪介绍证婚人时不要介绍我的头衔。

我讲这两个小故事，是想告诉大家，中国共产党有自我监督的意识、机制和定力，而且很有效。党员干部如果不把党的规定当回事，就会有群众举报，并为此要受到党纪处分。

十八大以来，考虑到今天我们党肩负着全面建成小康社会的繁重任务，而领导这个事业的执政党内部由于新老更替，一些年轻的党员干部缺乏党性锻炼，外部则又面临着严峻的挑战，特别是党员干部正在经受着权力和利益的双重诱惑，因此，以习近平同志为总书记的党中央，秉持“治国必先治党，治党务必从严”的理念，果断加强党的建设，形成了全面从严治党的态势和格局。今年又把全面从严治党同全面建成小康社会的战略目标、全面深化改革和全面依法治国的战略举措一起，构成了治国理政的战略布局，即今天中国人常讲的“四个全面”战略布局。

我们这里讲的十八大以来推进的“全面从严治党”，主要做了五件事：一是定规矩，从中共中央政治局制定自我约束的“八项规定”开始，全党上下制定了一系列规章制度，坚持依规治党；二是抓思想教育，在县处级以上领导部门和领导干部中开展群众路线教育实践活动，现在正在开展做人做事既要“严”又要“实”的教育；三是依靠群众，形成监督和举报干部违法乱纪的舆论和机制；四是充分发挥各级纪律检查机关的作用，加大反腐败力度，“老虎”“苍蝇”一起打，雷厉风行，形成了强大的震慑力；五是坚持依法治国，各级党组织自觉地在宪法和法律范围内活动，并把触犯法律的领导干部移交司法处理，在许多人看来一些可以享有特权的高级干部都被依法判了重刑，使党的肌体更加健康。

从工作部署来讲，这是党的建设的五项工作，如果换一个视角，从制度机制来讲，这就是中国共产党正在探索的信仰与制度、教育与惩办、党内与党外、自律与他律相结合的监督机制。这种监督机制，就是中国共产党的自我监督机制。

一是信仰与制度相结合。有信仰，是共产党人的优势。当然，共产党人的信仰不是宗教信仰，而是马克思主义信仰。过去在这个信仰下干革命，今天在这个信仰下干中国特色社会主义；过去在这个信仰下艰苦奋斗，今天在这个信仰下坚持为民、务实、清廉的价值取向，保持党的优良传统。我们在实践中认识到，有信仰才能自我约束，自我监督。尽管我们现在的年轻党员和过去革命战争年代入党的党员有很大不同，但我们在他们入党的第一天起就进行这样的信仰教育。这是共产党人能够自我监督的内在基础。与此同时，我们知道，光有信仰，没有制度，就缺少遵循。特别是共产党员也是有家庭有朋友的普通人，自己有信仰，不等于家人和朋友都有同样的信仰，因此我们制定了符合共产党员身份和要求的一系列规定和制度，使党员干部能够知道什么是可以干的，什么是不可以干的。把信仰与制度结合起来，是实现党的自我监督的重要基础。

二是教育与惩办相结合。着重从思想上建党，这是中国共产党的特点和优势。毛泽东在农村领导革命的时候，注意到我们党的性质是无产阶级的先锋队，但是农村没有多少无产阶级，于是提出主要依据参加到革命队伍中来的人的思想觉悟及其表现来发展党员，而不是简单地根据阶级成分或阶级出身来发展党员的建党思想。因此中国共产党特别重视党的思想建设、思想教育。这种教育，既有经常性的制度化的组织生活、民主生活，又有像群众路线教育实践活动那样在规定时间段里开展的集中教育。这两种教育的共同特点，都要在党员干部之间开展批评和自我批评。这是中国共产党实现自我监督的基本途径。但重视教育不等于没有纪律、没有惩办。我们的经验是，不能不教而诛，明知故犯的也不能不诛，屡教不改的更不能不诛。因此，我们党设有党代会选出的纪律检查委员会，我们的党章中有纪律条款，依照党的纪律从严治党。把教育与惩办结合起来，是实现党的自我监督的重要途径。

三是党内与党外相结合。中国的政党制度是中国共产党领导的多党合作和政治协商制度，即一党领导多党合作、一党执政多党参政的制度。中国共产党作为一个长期执政的党，光有党内监督还不够，还必须自觉接受党外的监督。而且，由于中国共产党是先进分子组成的党，又是扎根于人民、来自人民、为人民服务的党。这样的性质和根本宗旨，既决定了党要自觉接受群众监督，又决定了群众有资格有权利来监督我们党。因此，我们不仅在党内建立了纪律检查委员会，而且在党外建立了对共产党的监督机制。这种机制，包括群众的举报制度、媒体监督制度，也包括其他党派对中国共产党的监督机制、政协委员有组织地对执政党及其领导的政府进行监督的机制。事实上，十八大以来许多高中级干部都是由群众举报，在党的纪律检查委员会查实下落马的。在党外监督下加强党内监督，是中国共产党自我监督的重要特点。

四是自律与他律相结合。如果把党员干部的思想教育看作自律，那么用党的制度规定来监督党员干部就是他律；如果把党内纪律检查看作自律，那么用国家法律来惩办党员干部就是他律。这两类自律和他律，区别主要在主体不同，前者的自我监督主体是党员干部个人，后者的自我监督主体则是党。不管怎么说，中国共产党在自我监督中强调自律，也强调他律，并把他律作为自律的重要手段。这是中国共产党实现自我监督的重要保障。

现在，我们可以回答前面提出的问题了。

一个问题是，谁来监督一党长期执政的中国共产党？这个“谁”是多元的“谁”。首先是通过党员干部的自省来监督自己；二是由党组织根据规章制度通过经常性教育和集中教育，特别是开展批评和自我批评，对党员干部进行监督；三是由党的纪律检查委员会按照党章、党的纪律执行监督；四是党派监督、政协委员监督和党外广大群众的监督以及舆论监督。由于党派监督、群众监督也要通过党组织的监督、党的纪律检查机关的监督来实施，也是党的自我监督。也就是说，党的自我监督机制是由“党员个人自我”和“党组织的集体自我”等多元的“自我”对党自身进行的监督。

另一个问题是，中国共产党通过自我监督能够从根本上解决腐败问题吗？能不能，看实践。十八大以来党的建设实践，特别是反腐败斗争的实践，已经证明我们的自我监督机制是有效的。而且，我们的机制，不仅有“外科手术”式的纪律检查惩办机制，还有“内科诊治”特别是“中医调理”

式的信仰和党性教育机制，既“祛邪”，又“扶正”，能治病，也能治未病。事实上，到目前为止，世界上还没有一个国家一个政党能够解决腐败问题，也没有一个国家一个政党能够像我们那样敢于雷厉风行、毫不留情地向自己的肌体动刀子。这就是因为，我们对自己的理论、道路、制度包括自我监督机制有自信！

我的这个发言提纲回答的问题，就是在我们这样的体制下能不能坚持全面从严治党。我的结论是：能。与会的各国政要和国内外专家学者，在同我的互动中没有持疑义或反对意见的，只希望更多了解中国共产党是如何从严治党、自我完善的。

（二）依规治党和以德治党相结合

能不能坚持全面从严治党，关键在“坚持”二字。坚持，不仅要靠人的作用，要靠领导人的强势推进，更要靠制度的力量，靠党规党法的规范和制约作用，同时还要靠道德的力量，特别是政风官德的规范和约束作用。为此，党中央提出要坚持依规治党和以德治党相结合。

2015 年 10 月 18 日，中共中央办公厅印发了两个重要文件，一个是新修订的《中国共产党纪律处分条例》，一个是新修订的《中国共产党廉洁自律准则》。这两个文件，前一个是强调依规治党的“党规”，后一个是强调以德治党的“党德”。中共中央办公厅在印发这两个重要文件的通知中阐述了这两个文件出台的深刻背景，指出：党的十八大以来，以习近平同志为总书记的党中央坚持党要管党、从严治党，坚定不移推进党风廉政建设和反腐败斗争，突出强调政治纪律和政治规矩、组织纪律，深刻总结周永康、薄熙来、徐才厚、令计划、郭伯雄等严重违反政治纪律、损害党的事业的教训；狠抓落实中央八项规定精神，言出纪随，寸土不让，敢于较真；加大反腐惩恶力度，注意党纪与国法有效衔接；强化巡视监督，加大对领导干部报告个人有关事项抽查核对力度，集中清理裸官、档案造假等问题，着力解决管党治党和执行纪律失之于宽、失之于松、失之于软的问题。正因为有了这样丰富的实践，才为党内法规制度创新奠定了坚实的基础，使得我们能够在今天把这些从严治党的实践成果总结提炼出来，转化为纪律和道德要求，实现了党内法规建设的与时俱进。

中共中央办公厅还对这两个文件的主要特点及其强调的重点，做了简明扼要的概括：

作为“党规”的《中国共产党纪律处分条例》，其主要特点是：坚持纪法分开、纪在法前、纪严于法，突出政党特色、党纪特色，严明政治纪律和政治规矩、组织纪律，围绕党纪戒尺要求，开列负面清单，强调他律，重在立规，划出了党组织和党员不可触碰的底线。①

作为“党德”的《中国共产党廉洁自律准则》，其主要特点是：重申党的理想信念宗旨、优良传统作风，紧扣廉洁自律、坚持正面倡导、面向全体党员、突出关键少数，强调自律，重在立德，为党员和党员领导干部树立了一个看得见、够得着的高标准，展现了共产党人高尚的道德追求，是向全党发出的道德宣誓和对人民的庄严承诺。②

这两个文件同时印发，体现的就是以习近平同志为总书记的

①② 参见《认真学习贯彻〈中国共产党廉洁自律准则〉和〈中国共产党纪律处分条例〉》，载《人民日报》，2015－10－29。

党中央坚持把依规治党和以德治党结合起来的从严治党思想。

深刻理解党中央依规治党和以德治党相结合的思想，应该清醒地认识到，依规治党，是全面从严治党的重要方面和重要举措，也是改革开放以来我们在党的建设制度改革中积累的重要经验。

我们强调依规治党，是“两个需要”之所为：一是推进国家治理体系和治理能力现代化，完善和发展中国特色社会主义制度的需要。我们讲依法治国，包括要依规治党。党的十八届四中全会在部署全面推进依法治国时，令人注目地把党内法规建设和依规治党也列入其中。二是深化反腐败斗争的需要。反腐败是一项长期的斗争，不仅要坚决、果断，而且要有长期斗争的思想准备和战略部署。为此，党中央提出这场斗争第一步先解决“不敢腐”的问题，造成强大的震慑力，然后再一步一步往“不能腐”“不想腐”推进。也就是，要从打“老虎”、拍“苍蝇”到建立健全反腐制度，把权力真正关进制度的笼子。这就需要我们在反腐败斗争实践经验的基础上，健全依规治党。

什么是我们依规治党之“规”？它包括了一个党的根本大法、两套党内法规体系。党的根本大法，就是党章。两套党内法规体系，一套是以保障党内民主，实现党员权利和义务，提高党的领导能力和执政能力为目标的法规体系；一套是以保障党的集中统一，严格党员纪律，增强党的拒腐防变能力和抵御风险能力为目标的法规体系。前一套党内法规体系，包括发展党员规定，选拔任免干部规定，党内民主生活和组织生活规定，干部学习培训规定，以及定期召开党代会、选举党委会和党委实行集体领导的规定，等等，是“扶正”体系；后一套体系，包括十八大以来最有名也执行得最坚决的“八项规定”精神，还有党的政治纪律，党的组织纪律，干部家庭婚姻和财产情况登记的规定，干部配偶禁止经商规定，干部亲属任职回避规定，等等，是“祛邪”体系。只有“扶正”和“祛邪”相结合，一个党才能在各种复杂形势复杂情况下健康发展。

这两套党内法规体系的执行机构，一个是中央委员会和各级党委会、党组织；另一个是中央纪律检查委员会和各级纪检组织。这两个机构都由党代会选举产生，并对党代会和广大党员负责。前一套以“扶正”为特点的党内法规体系，主要由中央委员会和各级党委会、党组织来执行；后一套以“祛邪”为特点的党内法规体系，主要由中央纪律检查委员会和各级纪检组织来执行。也就是说，我们坚持全面从严治党，坚持严格依规治党，有目的，有依据，有机构，是一个自我监督、自我执行、自我完善的治党体系。

深刻理解党中央依规治党和以德治党相结合的思想，应该清醒地认识到，以德治党，反映了中华民族重视德治的优良传统，也是全面从严治党的重要举措。

把道德建设纳入党的思想建设，是十八大的重要决定。如前所说，在十八大报告中，强调党的思想建设的基本任务是：“坚定理想信念，坚守共产党人精神追求。”这实际上是党的建设的“灵魂工程”，是塑造共产党人的政治灵魂和精神支柱的工程。在这个党代会报告中，强调抓党的思想建设，要抓根本，抓核心，抓基础。“抓根本”，就是要抓好思想理论建设；“抓核心”，就是要抓好党性教育；“抓基础”，就是要抓好道德建设。同时，我们注意到，这三个方面的工作不是分割的，而是统一的，就是要在加强干部队伍建设的时候，把学理论同改造主观世界结合起来，把科学理论转化为党性，转化为德性。而且，这些要求首先都必须由我们各级领导干部来践行。

由此决定了治理一个党，不仅要重视依规治党，还要坚持以德治党，也就是要内外兼修，治理好党。以德治党是从党员和党员干部的灵魂深处做工作，比纪律惩处更为深刻。因此，在今天，我们讲“坚定不移沿着中国特色社会主义道路前进”也好，讲“全心全意为人民服务的根本宗旨”也好，讲“解放思想、实事求是的思想路线”也好，对于领导干部来讲，不仅是一个理论的认知问题，更是一个能否坚持党性的问题、能否坚持言行一致的政治道德问题。所以，要使得各级干部真正成为中国特色社会主义的模范建设者和优秀带头人，必须在理论、党性、道德统一的基础上增强坚持中国特色社会主义道路的自信和坚定性。

总之，只有把“依规治党”和“以德治党”这两个方面紧密地结合起来，全面从严治党这一战略举措才能够持久地坚持下去。

（三） 营造良好的政治生态

落实十八大精神，全面深化改革，为实现“中国梦”而奋斗，关键在党，关键在坚持从严治党。我们讲要坚持全面从严治党，就要在“坚持”二字上下功夫，就要在依规治党上“坚持”，在以德治党上“坚持”，在依规治党和以德治党的结合上“坚持”，而不能时紧时松，更不能半途而废。其重要目的，就是要在党内和整个社会营造一个健康的良好的政治生态。有了这样的政治生态，就能够把全面从严治党持续推进、坚持下去。以习近平同志为总书记的党中央注意到并提出了这个重大问题。

近年来，中国的自然生态恶化，令人担忧；政治生态恶化，更令人担忧。因为，生态是人生存和发展的最基本的环境。关于政治生态，学术界有各种讨论，比较多的学者认为它是一种官员的从政环境，其实质是一种执政党生存和发展的“软环境”，是相对于自然生态、经济秩序而言的社会政治风气和政治发展环境。也就是说，政治生态作为一种社会政治风气和环境，是党风、政风和社会风气的综合体现，也是政治行为所面临的文化的、心理的压力，是一种以无形的方式左右人的行为的“潜规则”。我们都知道，任何社会都有好的政治风气和坏的政治风气，但是在一种风气没有形成社会政治压力之前不能说已经形成一种社会政治生态，只有在一种风气形成社会压力之后才能说它已经成为一种社会政治生态。

这里所说的“压力”，是一种无形的心理压力。比如在政治生活中，遇到可以提拔的机会，不去给领导或有关人员打招呼就心里不踏实，人家给领导送礼你送不送心里很纠结，这种种压力本来不应该是压力，而现在成为压力了，这就是政治生态出问题了。如果干部为提拔争先恐后为领导送礼，那就是整个政治生态都恶化了。一旦这种政治生态出问题或恶化，就成为一种社会现象。这几年，党内出现的问题，诸如权力寻租、权钱交易、权色交易、官商勾结、任人唯亲、买官卖官等腐败现象不仅屡禁不止，没有能得到及时有效的遏制，而且有的方面逐渐演变成了某种“潜规则”，形成同中国特色社会主义理论和马克思主义执政党思想格格不入的社会政治生态。这就是为什么邓小平要发出“这个党该抓了，不抓不行了”[①] 的警告的原因。这种不良的从政环境或政治生态，比出几个腐败分子更为可怕，因为它是不断滋生腐败的环境和土壤。

我们必须注意到，这种从政环境或政治生态是社会性的，而

---

① 《邓小平文选》，1 版，第 3 卷，314 页。

不仅仅是党内的。比如到医院找医生开刀做手术，不送红包心里不踏实；节日到了，不给幼儿园阿姨送礼物，担心阿姨会对孩子照顾得不好。诸如此类无形的压力、“潜规则”，这几年我们许多人几乎都碰到过。社会上这样的问题一旦成为风气，就会从根本上动摇社会伦理道德，瓦解社会法治基础，成为干部的从政环境或政治生态。

因为，一个社会的政治生态好不好，主要体现在全社会对“耻”的态度和做法上。“耻”是一种道德禁区。一个人也好，一个社会也好，如果连道德的禁区都可以突破，什么制度、规矩、纪律、法律都会随之失效。一旦社会形成“不以耻为辱，反以耻为荣”的风气，并且不以耻为荣的人在社会政治生活中难以生存和发展，而不以耻为辱的人则春风得意、平步青云，这个社会的政治生态就大有问题了。前几年我们在某些方面，比如文艺生活中对低俗的东西见怪不怪、不怪才怪，只能说明我们的文化生态出问题了。在政治生活中也是如此，当“没有钱办不成事”的个别现象变成“没有钱办不成的事”这种普遍现象的时候，诸如一些地方、一些部门出现不以买官卖官为耻，而以买官卖官为荣，并且驱使一些以买官卖官为耻的人也无奈地按照这样的“潜规则”走上这条谋官之路的时候，我们的政治生态就出大问题了。这种状况如果得不到有效遏制，最后就会出现“礼崩乐坏”那样不可收拾的局面。

为什么会出现政治生态恶化的问题呢?

大量的事实告诉我们，政治生态恶化，是一个潜移默化的过程，是一件小事一件小事累积起来，从量变到质变的过程。这个量变到质变的过程，实际上是制度的解构过程。邓小平曾经说过，制度好可以使坏人无法任意横行，制度不好可以使好人无法充分做好事，甚至走向反面。现在，我们对这个问题的认识深化了，这就是制度虽好如果不能坚持，也会使坏人任意横行，使好人无法充分做好事，甚至走向反面。我们现在遇到的问题，是十分尖锐的。在一些人的心目中，存在着“三个淡化”的现象。这就是：党的政治规矩被淡化，“潜规则”取代了党的政治规矩；党的道德准则被淡化，逐利原则取代了道德准则；党的纪律被淡化，姑息迁就取代了党纪国法的严肃性。这“三个淡化”和政治生态恶化互为原因，也互为结果。也就是说，政治生态出问题，就会导致并表现在“三个淡化”上；而“三个淡化”成为一种风气，又会导致并表现为政治生态恶化。这就是制度的解构。所以，党的十八大以来，以习近平同志为总书记的党中央从领导干部抓起，结合社会风气的治理，下大力从严治党，依法治国，从多方面营造健康的政治生态，是十分必要、十分及时的。

那么，怎样营造一个良好的从政环境，怎样营造一个良好的政治生态呢？

首先，要抓党风。在党内要弘扬党的优良传统，特别是要加强党的理想信念教育；同时要加强党内法规建设，严格执法执纪，对党内的种种消极和腐败现象决不姑息养奸；还要对广大共产党员和党的干部加强道德建设，守住做人做事的思想道德底线。而且，这一切必须从各级领导干部首先是高级干部做起，由领导干部带头把党的规矩一项一项落到实地。正如习近平总书记指出的，领导干部要坚守正道、弘扬正气，坚持以信念、人格、实干立身；要襟怀坦白、光明磊落，对上对下讲真话、实话；要坚持原则、恪守规矩，严格按党纪国法办事；要严肃纲纪、疾恶如仇，对一切不正之风敢于亮剑；要艰苦奋斗、清正廉洁，正确行使权力，在各种诱惑面前经得起考验。只有这样，才能始终保持党的先进性和纯洁性，形成党内健康的政治生态。

其次，要抓家风。特别是，要把管好干部的家属和亲属纳入党风建设，把党员干部的家风和党风建设结合起来。许多干部出问题，突破口都是家属和亲属。我们有的干部，在工作中遇到一些问题大多能够坚持国家法律和党的政策，但是一旦遇到家属和亲属的要求，或者一些人通过干部的家属或亲属等渠道来办事，就难以按原则办事。古人尚且懂得治国不仅要“修身”，而且要“齐家”，我们党的干部更要懂得家风和党风相辅相成的道理。只有这样，才能在任何情况下都能够抵御不正之风的侵袭，形成良好的政治生态。

最后，要抓民风。由于政治生态是一种党风和社会风气交织在一起的从政环境和社会政治活动生态，因此要在全社会加强法治教育和道德建设，在全社会树立守法崇德的正气。我们要在全社会加强社会主义思想文化建设，弘扬社会主义核心价值观，推进社会公德、家庭美德、职业道德教育。只有这样，才能形成党风和社会风气、官风和民风相辅相成、相互促进的健康的政治生态。

当然，社会政治生态的破坏不是一朝一夕的事，社会政治生态的重建也要经过持之以恒的长期努力。在 2014 年 6 月 30 日中央政治局第十六次集体学习时，习近平总书记强调，加强党的建设，必须营造一个良好的从政环境，也就是要有一个好的政治生态。他特别强调指出，抓作风既要着力解决当前突出问题，又要注重建立长效机制，下功夫、用狠劲，持续努力、久久为功。

五、全面从严治党关键在从严治吏

我们讲全面从严治党，“全面”不等于没有“重点”。全面从严治党有许多工作要做，其中一个重要任务，就是要抓领导干部这一“关键少数”。我们国家要出问题主要出在共产党内，我们党要出问题主要出在干部身上。因此，“党要管党，首先是管好干部；从严治党，关键是从严治吏”①，这是习近平同志从严治党思想的重要观点。

① 习近平：《建设一支宏大高素质干部队伍 确保党始终成为坚强领导核心》，载《人民日报》，2013-06-30。

（一）“打铁还需自身硬”

办好中国的事，关键在党；办好党的事，关键在干部。从严治吏，是加强党的自身建设的关键一招。

党的十八大以来，以习近平同志为总书记的党中央对全面从严治党作出的重要战略部署中，始终强调从严治党，关键是从严治吏。中央先后制定和完善了干部选拔任用、干部教育培训、干部个人有关事项报告、干部问责、干部兼职、干部档案管理、“裸官”治理等方面制度，全面加强干部从严管理，取得明显成效。党中央之所以如此强调要采取实际的措施和步骤，解决从严治吏的问题，是因为正确的政治路线要靠正确的组织路线来保证，政治路线确定以后干部就是决定的因素。由于干部掌握着方方面面的权力，担负着一个地方或一个部门的领导责任，是党的理论和路线方针政策的具体执行者，加上我们的党员、干部队伍庞大，如果干部队伍素质不高、作风不正、管理不好，党的建设不仅缺少骨干，而且会因为干部在社会中的地位和影响而恶化党在人民群众中的形象，甚至会出大乱子。因此，全面从严治党，关键在从严治吏。

2012 年 11 月 15 日，习近平同志和新当选的中央政治局常委会见中外媒体记者的时候，就一针见血地指出：“新形势下，我们党面临着许多严峻挑战，党内存在着许多亟待解决的问题。尤其是一些党员干部中发生的贪污腐败、脱离群众、形式主义、官僚主义等问题，必须下大气力解决。全党必须警醒起来。打铁还需自身硬。我们的责任，就是同全党同志一道，坚持党要管党、从严治党，切实解决自身存在的突出问题，切实改进工作作风，密切联系群众，使我们党始终成为中国特色社会主义事业的坚强领导核心。”[①] 习近平总书记提出的“打铁还需自身硬”，大得人心，深得人心。

“打铁还需自身硬”，是一句中国俗语。在翻译成外文时，有个难题，如果直译，这个“自身”指的是“打铁的锤子”，还是“打铁的人”？不好翻译。于是，我们就采取意译的方法，说明这里比喻的是中国共产党在领导改革开放的时候非常重视党的自身建设。这样，新的问题又发生了，这里讲的“党的自身建设”的“自身”指的是谁？应该讲，这里讲的“自身”包含着两层含义：第一层含义，相对于人民群众，指的是“党”。党要领导人民群众建设中国特色社会主义，实现中华民族伟大复兴的中国梦，就要克服党内存在着的许多亟待解决的问题。第二层含义，相对于广大党员，指的是“干部”。当然，还可以有第三层含义，相对于广大地方、部门和基层的干部，指的是党的高级干部包括中央领导同志。这里讲的第二和第三层含义，指的都是干部，可以合起来。强调的是党要始终保持先进性和纯洁性，就要严格管党治党，这就要求各级党员干部切实改进工作作风，密切联系群众，为全党做表率。在我们做这样分析的时候，必须注意，“自身”的这两层含义不是相互割裂的，而是有着内在联系的，归结起来，最重要的还是要加强干部队伍建设和管理，从严治吏。正如习近平总书记所说的：“要把从严管理干部贯彻落实到干部队伍建设全过程，坚持从严教育、从严管理、从严监督，让每一个干部都深刻懂得，

① 《习近平谈治国理政》，4～5 页。

当干部就必须付出更多辛劳、接受更严格的约束。各级领导机关和领导干部，尤其是中央机关和中央国家机关、高级领导干部要强化带头意识，时时处处严要求、作表率。”①

“打铁还需自身硬”，首先指的是，各级干部在理想信念问题上“要硬得起”，坚守共产党人的精神追求。习近平同志曾经形象地说过，理想信念是共产党人精神上的“钙”，没有理想信念，或者理想信念不坚定，精神上就会“缺钙”，就会得“软骨病”。现实生活中，一些党员干部出这样那样的问题，说到底是信仰迷茫、精神迷失。因此，各级干部对于马克思主义，特别是对于在中国今天新的实践中形成的中国特色社会主义要真学、真信、真用，在改造客观世界的同时改造主观世界，增强坚持中国特色社会主义道路的坚定性和自觉性。

“打铁还需自身硬”，其次指的是，各级干部在思想作风和工作作风上“要硬得起”，坚守共产党人的优良传统。在革命战争年代，在建国初期，“共产党员”和“党的干部”在人民群众的心目中，就是“为人民服务”“实事求是”“吃苦在前、享乐在后”的象征。随着改革开放的推进，我们领导人民群众摆脱贫困、奔向小康，进入全面建设小康社会并向现代化奋进的新阶段，大家的日子好过了，我们干部的生活和工作条件也发生了天翻地覆的变化，这是一种社会进步的表现。但同时如何在新的环境和条件下继续保持党的优良作风的问题，也成为党的建设中的一大难题。同20世纪六七十年代的干部相比，我们今天的干部，身上穿的衣服不再打补丁，脚下穿的鞋子不再是布鞋和草鞋，出门有小车，进办

① 习近平：《建设一支宏大高素质干部队伍　确保党始终成为坚强领导核心》，载《人民日报》，2013－06－30。

公室有沙发，下基层不再住简陋的招待所，吃饭都是山珍海味，做报告有人写稿子，收发文件有秘书，接待群众有专人，至于定期参加体力劳动更是过去的事（许多年轻干部连这样的记忆都没有），久而久之，党的优良传统在我们许多干部的身上一点一点褪色，群众对党的干部的美好形象只存在于回忆之中。事实上，一些干部走向腐败的深渊，就是从他们在思想作风和工作作风上丢掉党的优良传统开始的。因此，在改革开放年代，各级干部要能够和群众有更紧密的联系，就要从今天新的历史条件和时代环境出发，保持和弘扬党的优良传统，增强抵制形式主义、官僚主义、享乐主义和奢靡之风的坚定性和自觉性。

“打铁还需自身硬”，再次指的是，各级干部在党性上“要硬得起”，坚守共产党人的先进性和组织纪律性。共产党人是有个性的，但这种个性不是和党性根本对立的，作为普遍性的党性恰恰是寓于作为特殊性的个性之中的。共产党人的党性表现在许多方面，其中最重要的，一是共产党人没有自己的特殊利益，所做的一切都是代表中国先进生产力的发展要求，代表中国先进文化的前进方向，代表中国最广大人民的根本利益；二是有严格的组织纪律性，坚持民主集中制，自觉地同党中央在思想和政治上保持一致。然而，多年来，许多人在党性和个性的关系上，总是把两者对立起来，走极端路线，要么只讲党性不讲个性，要么只讲个性不讲党性；有的人口头上讲党性，行动上搞自由主义，我行我素，不把党的政治纪律、组织纪律当回事；有的人更是混淆党性和专制主义的界限，公开反对讲党性。诸如此类问题，都影响了党的集中统一和战斗力。因此，在改革开放搞活经济和社会的同时，各级干部更要加强党性锻炼，增强维护党的先进性和自我约束、令行禁止的坚定性和自觉性。

总之，“打铁还需自身硬”的实质，就是从严治吏。“办好中国的事情，关键在党”，“关键在党”的“关键”，就在党的干部。这些人在党内是少数，但是“关键少数”，是从严治党的主要对象。这是党的十八大以来，以习近平同志为总书记的党中央全面推进党的建设新的伟大工程的重大举措和重要部署，也是习近平全面从严治党思想的鲜明特点和突出亮点。

（二）以干部的“三严三实”落实全面从严治党

“打铁还需自身硬”，怎么使党的干部能够“硬起来”？在完成群众路线教育实践活动以后，党中央针对新的情况，在全党县处级以上领导干部中开展了“三严三实”专题教育。在思想行动上做到“三严三实”，就是要使各级干部“硬起来”。这是落实全面从严治党战略举措的重要部署。

习近平总书记强调的“三严三实”，具有明确的内涵和要求。他说过：(1) 严以修身，就是要加强党性修养，坚定理想信念，提升道德境界，追求高尚情操，自觉远离低级趣味，自觉抵制歪风邪气。(2) 严以用权，就是要坚持用权为民，按规则、按制度行使权力，把权力关进制度的笼子里，任何时候都不搞特权、不以权谋私。(3) 严以律己，就是要心存敬畏、手握戒尺，慎独慎微、勤于自省，遵守党纪国法，做到为政清廉。(4) 谋事要实，就是要从实际出发谋划事业和工作，使点子、政策、方案符合实际情况、符合客观规律、符合科学精神，不好高骛远，不脱离实际。(5) 创业要实，就是要脚踏实地、真抓实干，敢于担当责任，勇于直面矛盾，善于解决问题，努力创造经得起实践、人民、历史检验的实绩。(6) 做人要实，就是要对党、对组织、对人民、对同志忠诚老实，做老实人、说老实话、干老实事，襟怀坦白，公道正派。要发扬钉钉子精神，保持力度、保持韧劲，善始善终、善作善成，不断取得作风建设新成效。简单地说，领导干部做人做事、用权创业都要又严又实，而不能姑息养奸、华而不实，更不能做言行不一的“两面人”。

开展“三严三实”教育，针对的是领导干部做人做事的思想作风和工作作风。领导干部，顾名思义，就是“领”着群众，“导”着正确方向，去“干”的那部分人。这就要求领导干部一要严于律己，成为群众真心实意拥戴的领头人；二要有良好的思想政治素养，把握好大局和方向；三要有务实的工作作风和较强的工作能力，能够脚踏实地做好工作。为此，不仅在领导干部的考察选拔、培训任用等各个环节，都要有规范的标准和严格的程序，还要加强领导干部经常性的党性教育和作风建设，抵制来自国内外的各种各样腐朽思想的渗透和腐蚀。我们要在“三严三实”教育中，推动各级领导干部把“三严三实”作为修身做人用权律己的基本遵循、干事创业的行为准则，争做“三严三实”的好干部。

在今天，开展“三严三实”教育，一个重要的任务，就是要解决干部队伍中存在的“为官乱作为”和“为官不作为”这两个方面的问题。多年来，我们一些地方、一些部门、一些单位的领导干部以改革为名乱作为，甚至违法乱纪、胡作非为。十八大以来，在全党严肃整顿党的作风，严厉推进反腐败斗争后，又出现了干部不作为的新情况。针对这种新情况，习近平总书记在 2014 年 10 月 8 日群众路线教育实践活动总结大会上，明确指出：“我一再强调，领导干部要严以修身、严以用权、严以律己，谋事要实、创业要实、做人要实。这些要求是共产党人最基本的政治品格和做人准则，也是党员、干部的修身之本、为政之道、成事之要。”① 他还针对党内外一些模糊认识，有针对性地指出：“我们现在对党员、干部的要求是不是过严了？答案是否定的。很多要求早就有了，是最基本的要求。现在的主要倾向不是严了，而是失之于宽、失之于软，不存在严过头的问题。”② 他还说：“当前，所谓‘为官不易’、‘为官不为’问题引起社会关注，要深入分析，搞好正面引导，加强责任追究。”③ 他深刻指出：“党的干部都是人民公仆，自当在其位谋其政，既廉又勤，既干净又干事。如果组织上管得严一点、群众监督多一点就感到受不了，就要‘为官不易’，那是境界不高、不负责任的表现。这一点，要向广大干部讲清楚。我们做人一世，为官一任，要有肝胆，要有担当精神，应该对‘为官不为’感到羞耻，应该予以严肃批评。”④ 因此，我们完全可以说，“三严三实”就是在“严”与“实”的统一中，解决我们队伍中“乱作为”和“不作为”问题的治党之策。

为了开展好“三严三实”专题教育，中办作出了具体部署。按照《关于在县处级以上领导干部中开展“三严三实”专题教育方案》（简称《方案》），从 2015 年 4 月底开始，由中央政治局带头，全国人大常委会党组、国务院党组、全国政协党组结合各自实际，率先开展“三严三实”专题教育；各级党政机关、人民团体及其内设机构，县处级以上领导干部和事业单位、国有企业中层以上领导人员同步进行。

按照中办的《方案》和实际进程，这次专题教育有三个特点：

一是，重在教育。《方案》提出，这次专题教育作为党的群众

---

①②③④ 习近平：《在党的群众路线教育实践活动总结大会上的讲话》，载《人民日报》，2014－10－09。

路线教育实践活动的延展深化，作为加强党的思想政治建设和作风建设的重要举措，融入领导干部经常性学习教育，不分批次、不划阶段、不设环节，不是一次活动。因此，和群众路线教育实践活动不一样，是一场党的领导干部的思想政治教育。

二是，目标明确。《方案》提出，这次专题教育的任务是：深入学习贯彻党的十八大和十八届三中、四中全会精神，深入学习贯彻习近平总书记系列重要讲话精神，紧紧围绕协调推进“四个全面”战略布局，对照“三严三实”的要求，聚焦对党忠诚、个人干净、敢于担当，着力解决“不严不实”问题。

三是，重点突出。《方案》强调，各级领导干部要坚持从严要求，强化问题导向，真正把自己摆进去，着力解决理想信念动摇、信仰迷茫、精神迷失，宗旨意识淡薄、忽视群众利益、漠视群众疾苦，党性修养缺失、不讲党的原则等问题；着力解决滥用权力、设租寻租，官商勾结、利益输送，不直面问题、不负责任、不敢担当，顶风违纪还在搞“四风”、不收敛不收手等问题；着力解决无视党的政治纪律和政治规矩，对党不忠诚、做人不老实，阳奉阴违、自行其是，心中无党纪、眼里无国法等问题，推动各级领导干部把“三严三实”作为修身做人用权律己的基本遵循、干事创业的行为准则，争做“三严三实”的好干部。

我们已经注意到，自从中办《方案》印发后，从中央到各地都是党委主要领导亲自上专题党课，各级各地党组织都按照自己的实际开展“三严三实”专题学习研讨。按照要求，机关、企事业单位及其内设机构县处级以上党员领导干部年度民主生活会和组织生活会，也是以践行“三严三实”为主题进行。许多地方和部门在专题教育中，强化整改落实和立规执纪，坚持边学边查边改，主要领导干部带头，列出问题清单，一项一项整改，进行专项整治，严格正风肃纪。对存在“不严不实”问题的领导干部，立足于教育提高，促其改进；对群众意见大、不能认真查摆问题、没有明显改进的，将要进行组织调整。同时，针对“不严不实”问题，建制度、立规矩，强化刚性执行。通过这样的教育，使我们的各级干部既严格依章依法办事，又勇于开拓创新地为民执政、为民办事。

综上所述，中央这一重要决策，在领导干部队伍建设中，聚焦对党忠诚、个人干净、敢于担当，着力解决“不严不实”问题，使得我们党的各级干部真正“硬起来”，既不“乱作为”，又不“不作为”，而是要在严守党纪国法下有“大作为”，这对于从严治党具有重大的意义。

（三）以干部的选贤任能、严格管理和监督问责坚持全面从严治党

“打铁还需自身硬”，不仅要使各级干部在理想信念、思想和工作作风、党性和纪律性上能够“硬起来”，而且要使我们的干部工作也“硬起来”。实践告诉我们，如果干部工作出问题了，管干部的部门及其工作出问题了，从严治吏就会成为一句空话。也就是说，从严治吏必须把“打铁还需自身硬”的精神贯彻到干部选拔任用和管理、干部履职的监督和问责等各个环节，建立健全干部管理制度。

党的十八大以来，我们在选好用好干部、严格管理干部，包括加强对干部的监督和问责、建立健全巡视制度等方面，做了大量行之有效的工作。其中，有三个要点：

第一个要点是，从严治党，首先要选好用好干部。

选贤任能，是我们中华民族的优良传统。在长期的革命、建设和改革实践中，我们党的干部政策就是选贤任能，只不过在各个时期对“贤”和“能”的具体要求因时而定。改革开放以来，我们始终把选人用人作为关系党和人民事业的关键性、根本性问题来抓。

为从源头上解决选人用人上存在的不正之风，党的十八大以来，以习近平同志为总书记的党中央继承和发扬党在这方面的优良传统，首先重申了好干部的标准是“信念坚定、为民服务、勤政务实、敢于担当、清正廉洁”；同时修订了选拔任用干部的工作条例。2014年，党中央发出通知，实施新颁布的《党政领导干部选拔任用工作条例》，要求各地区各部门结合实际认真遵照执行。这个《条例》针对干部选拔任用工作中存在的问题，吸收了干部人事制度改革的新经验新成果，同时根据改革开放面临的新形势新任务，对干部选拔任用制度进行了改进完善。因此，中央通知指出，这个《条例》是做好党政领导干部选拔任用工作的基本遵循。

这个《条例》的内容十分丰富和具体。其突出亮点是：

一是提出，要改进干部考察工作，加强对政治品质和道德品行、科学发展实绩、作风表现、廉洁自律情况的考察，全面历史辩证地评价干部。提出这样的干部考察要求，针对的是近年来在干部选拔任用方面重业务轻品行、重关系轻业绩，重打分轻能力，以及走上层路线、买官卖官等问题，廓清了党的干部路线和用人方针。

二是提出，要全面准确地贯彻民主、公开、竞争、择优方针，完善公开选拔、竞争上岗等竞争性选拔方式，进一步推进干部人事制度改革。采取这样的干部选拔方法，针对的是多年来在干部问题上由领导同志特别是一把手说了算等积习，给有德有才之人晋升提拔提高了公平竞争的环境和条件。

三是提出，要坚持党管干部原则，完善干部工作的群众路线，坚持群众公认，充分发扬民主，改进民主推荐和民主测评，提高干部工作民主质量，防止简单以票取人、以分取人。提出这样的干部工作改革新思路，针对的是前几年在民主推荐和民主测评中，不能综合考察干部的德才和业务能力，仅仅简单地以票取人、以分取人，而使得一批有能力有担当但也会得罪人的好干部得不到提拔等问题，完善了干部工作的民主选人用人制度。

与此同时，强调要落实党要管党、从严治党的要求，要从严培养选拔干部，从严管理监督干部，就要加强对干部选拔任用工作和《条例》执行情况的监督检查，坚决整治和严厉查处跑官要官、拉票贿选等选人用人上的不正之风。正如习近平总书记强调指出的："对干部选拔任用要严格把关，坚决防止带病提拔。有的干部身上有那么多毛病，而且早就有群众不断反映，但那里的党委和组织部门都不知道，或者知道了也没当回事，让这些人一而再、再而三被提拔起来，岂非咄咄怪事！这里面的深刻教训，各级党委和组织部门要举一反三、深刻总结。"①

第二个要点是，从严治党，重在从严管理干部，加强对干部的监督和问责。

在干部工作中，我们有许多经验教训。实践告诉我们，从严治吏，不仅要把好选人用人关，而且要管好干部。管不好干部，一些原来很好的干部也会走向反面。正如习近平总书记指出的：

---

① 习近平：《在党的群众路线教育实践活动总结大会上的讲话》，载《人民日报》，2014－10－09。

“要把从严管理干部贯彻落实到干部队伍建设全过程，坚持从严教育、从严管理、从严监督，让每一个干部都深刻懂得，当干部就必须付出更多辛劳、接受更严格的约束。各级领导机关和领导干部，尤其是中央机关和中央国家机关、高级领导干部要强化带头意识，时时处处严要求、作表率。”

怎么样从严管理干部呢？以习近平同志为总书记的党中央强调，从严管理干部，总的是要坚定理想信念，加强道德养成，规范权力行使，培育优良作风，使各级干部自觉履行党章赋予的各项职责，严格按照党的原则和规矩办事。

党中央强调指出，要坚持以严的标准要求干部、以严的措施管理干部、以严的纪律约束干部，使干部心有所畏、言有所戒、行有所止。一方面，要根据形势变化，完善干部管理规定，既重激励又重约束，把哪些能做、哪些不能做真正搞得清清楚楚、明明白白。另一方面，要严格执行干部管理各项规定，讲原则不讲关系，发现问题该提醒的提醒、该教育的教育、该处理的处理，让干部感到身边有一把戒尺，随时受到监督。特别是要把对一把手的监督、管理作为重中之重。

早在 2009 年 7 月，党中央为加强对党政领导干部的管理和监督，增强党政领导干部的责任意识和大局意识，提高党的执政能力和执政水平，就已经根据《中国共产党章程》《党政领导干部选拔任用工作条例》等党内法规和《中华人民共和国行政监察法》《中华人民共和国公务员法》等国家法律法规，制定了《关于实行党政领导干部问责的暂行规定》，提出对中共中央、国务院的工作部门及其内设机构的领导成员，县级以上地方各级党委、政府及其工作部门的领导成员，以及上列工作部门内设机构的领导成员，实行问责。同时明确，县级以上党委、政府直属事业单位以及国有企业、国有金融企业领导人员也参照这个规定实行问责；对乡(镇、街道)党政领导成员也要按照这个规定实行问责。

党的十八大后，党中央坚持严格要求、实事求是，权责一致、惩教结合，依靠群众、依法有序原则，加强了问责制的落实。党中央明确，有下列情形之一的，对党政领导干部实行问责：(1)决策严重失误，造成重大损失或者恶劣影响的；(2)因工作失职，致使本地区、本部门、本系统或者本单位发生特别重大事故、事件、案件，或者在较短时间内连续发生重大事故、事件、案件，造成重大损失或者恶劣影响的；(3)政府职能部门管理、监督不力，在其职责范围内发生特别重大事故、事件、案件，或者在较短时间内连续发生重大事故、事件、案件，造成重大损失或者恶劣影响的；(4)在行政活动中滥用职权，强令、授意实施违法行政行为，或者不作为，引发群体性事件或者其他重大事件的；(5)对群体性、突发性事件处置失当，导致事态恶化，造成恶劣影响的；(6)违反干部选拔任用工作有关规定，导致用人失察、失误，造成恶劣影响的；(7)其他给国家利益、人民生命财产、公共财产造成重大损失或者恶劣影响等失职行为的。受到问责的领导干部，要取消当年年度考核评优和评选各类先进的资格，如果同时需要追究纪律责任的，要依照有关规定给予党纪政纪处分；涉嫌犯罪的，移送司法机关依法处理。对党政领导干部实行问责的方式分为：责令公开道歉、停职检查、引咎辞职、责令辞职、免职。引咎辞职、责令辞职、免职的党政领导干部，一年内不得重新担任与其原任职务相当的领导职务。

同时，还明确如果领导干部干扰、阻碍问责调查的，弄虚作假、隐瞒事实真相的，对检举人、控告人打击、报复、陷害的，涉及党内法规和国家法律法规规定的其他从重情节的，只要具有上列情节之一的，就要从重问责。如果主动采取措施，有效避免损失或者挽回影响的，或者积极配合问责调查，并且主动承担责任的，则可以从轻问责。当然，在作出问责决定前，应当听取被问责的党政领导干部的陈述和申辩，并且记录在案；对其合理意见，应当予以采纳。为避免暗箱操作，还专门规定了问责决定一般应当向社会公开。

第三个要点是，从严治党，要建立健全日常监督和巡视监督相结合的机制。

从严治党的实践告诉我们，对各级党政领导干部的监督，除了要加强同级党委和纪检监察部门的日常监督外，上级党委和纪检部门也要加强对下级党政领导干部的监督。为此，经过多年来的摸索和总结，我们建立了中国特色的巡视制度。早在2009年7月，党中央就制定和印发了《中国共产党巡视工作条例（试行）》。党的十八大以来，由于巡视实践深入发展，原条例已不能完全适应现实需要，2015年8月党中央从全面从严治党的战略高度，印发了新修订的《中国共产党巡视工作条例》，健全了巡视工作制度，加大了巡视工作力度。

十八大后建立健全的巡视制度，是一个全覆盖的党内监督制度。《中国共产党巡视工作条例》明确，党的中央和省、自治区、直辖市委员会实行巡视制度。这一制度，坚持中央统一领导、分级负责；坚持实事求是、依法依规；坚持群众路线、发扬民主。同时有一个纵横结合的工作机制。纵向有一个强有力的领导体系，即党中央和省、自治区、直辖市委员会从上到下成立巡视工作领导小组，分别向党中央和省、自治区、直辖市党委负责并报告工作；巡视工作领导小组组长由同级党的纪律检查委员会书记担任，副组长一般由同级党委组织部部长担任；中央巡视工作领导小组应当加强对省、自治区、直辖市巡视工作的领导。横向实行不留漏洞的巡视机制，即各个专职巡视机构对所管理的地方、部门、企事业单位党组织进行巡视监督，实现巡视全覆盖、全国一盘棋。

为确保巡视工作健康开展，党中央明确巡视组实行组长负责制，副组长协助组长开展工作。巡视组组长实行一次一授权。巡视工作人员也要具有良好的素质，条件是：理想信念坚定，在思想上政治上行动上同党中央保持高度一致；坚持原则，敢于担当，依法办事，公道正派，清正廉洁；遵守党的纪律，严守党的秘密；熟悉党务工作和相关政策法规，具有较强的发现问题、沟通协调、文字综合等能力；身体健康，能胜任工作要求。巡视工作人员同时实行任职回避、地域回避、公务回避。中央还强调对不适合从事巡视工作的人员，应当及时予以调整，违纪的还要给予纪律处分。

那么，巡视组的任务和责任是什么呢？简单地说，就是三个字：查问题。巡视组到一个地方巡视，要听取党委汇报，但不是去总结经验，而是去发现问题、查实问题，并提出处理的建议。

《中国共产党巡视工作条例》第十五条规定：巡视组对巡视对象执行《中国共产党章程》和其他党内法规，遵守党的纪律，落实党风廉政建设主体责任和监督责任等情况进行监督，着力发现以下问题：

(1) 违反政治纪律和政治规矩，存在违背党的路线方针政策的言行，有令不行、有禁不止，阳奉阴违，拉帮结派等问题。

(2) 违反廉洁纪律，以权谋私、贪污贿赂、腐化堕落等问题。

(3) 违反组织纪律，违规用人、拉票贿选、买官卖官，以及独断专行、软弱涣散、严重不团结等问题。

(4) 违反群众纪律、工作纪律、生活纪律，搞形式主义、官僚主义、享乐主义和奢靡之风等问题。

(5) 派出巡视组的党组织要求了解的其他问题。

《条例》第十六条还规定，派出巡视组的党组织可以根据工作需要，针对所辖地方、部门、企事业单位的重点人、重点事、重点问题或者巡视整改情况，开展机动灵活的专项巡视。

《条例》第二十二条规定，巡视组对反映被巡视党组织领导班子及其成员的重要问题和线索，可以进行深入了解。

《条例》第二十三条规定，巡视了解工作结束后，巡视组应当形成巡视报告，如实报告了解的重要情况和问题，并提出处理建议。对党风廉政建设等方面存在的普遍性、倾向性问题和其他重大问题，应当形成专题报告，分析原因，提出建议。

不仅如此，《条例》第二十八条规定，对巡视发现的问题和线索，派出巡视组的党组织作出分类处置的决定后，依据干部管理权限和职责分工，按照以下途径进行移交：(1) 对领导干部涉嫌违纪的线索和作风方面的突出问题，移交有关纪律检查机关；(2) 对执行民主集中制、干部选拔任用等方面存在的问题，移交有关组织部门；(3) 其他问题移交相关单位。

专家们对这种中国特色的巡视制度很关心，在研究中注意到，中央巡视组的巡视盯人盯事盯重点问题，有常规巡视，也有专项巡视。常规巡视，按照全覆盖要求巡行检查，听取被巡视单位汇报，接受群众举报，找人谈话，查阅相关档案资料，逐一排查隐患，发现那些容易忽视、隐藏较深的突出问题；专项巡视，即“点穴”式巡视，循着问题线索而去，聚焦问题、突出重点、挖深吃透，不求面面俱到。除了这两种基本的巡视方式外，有时还进行回访式巡视，即对已经巡视过的单位，事先不告知，杀“回马枪”，检查整改成效，发现新的问题。近年来，专项巡视已经成为主要的巡视方式。

特别是，对于那些党的十八大以后还不收敛不收手，问题线索反映集中、群众反映强烈，重要岗位且可能还要提拔使用的领导干部，巡视组进行了重点巡查，更是防患于未然，深得民心党心。

根据媒体报道，从2013年到2015年，中央巡视组的巡视工作每年两到三轮，进展顺利：

2013年巡视工作：

2013年第一轮

时间：2013年5月

数量：10个

常规巡视单位（5个）：内蒙古、江西、湖北、重庆、贵州

专项巡视单位（5个）：水利部、中储粮总公司、中国进出口银行、中国出版集团、中国人民大学。

2013年第二轮

时间：2013年10月

数量：10个

常规巡视单位（6个）：山西、吉林、安徽、湖南、广东、云南

专项巡视单位（4个）：新华社、国土资源部、商务部、三峡集团。

2014年巡视工作：

2014年第一轮

时间：2014年3月

数量：14 个

常规巡视单位（11 个）：北京、天津、辽宁、福建、山东、河南、海南、甘肃、宁夏、新疆、新疆生产建设兵团

专项巡视单位（3 个）：科技部、复旦大学、中粮集团

2014 年第二轮

时间：2014 年 7 月

数量：13 个

常规巡视单位（10 个）：广西、上海、青海、西藏、浙江、河北、陕西、黑龙江、四川、江苏

专项巡视单位（3 个）：国家体育总局、中科院、一汽集团

2014 年第三轮

时间：2014 年 11 月

数量：13 个

常规巡视单位（0 个）：

专项巡视单位（13 个）：文化部、环保部、中国科协、全国工商联、中国国际广播电台、南方航空、中国船舶、中国联通、中国海运、华电集团、东风汽车、神华集团、中石化。

2015 年巡视工作：

2015 年第一轮

时间：2015 年 2 月

数量：26 个

常规巡视单位（0 个）：

专项巡视单位（26 个）：中国核工业集团公司、中国核工业建设集团公司、中国石油天然气集团公司、中国海洋石油

总公司、国家开发投资公司、中国东方电气集团有限公司、中国电力投资集团公司、国家核电技术公司、中国中化集团公司、中国五矿集团公司、中国华能集团公司、中国建筑工程总公司、国家电网公司、中国南方电网有限责任公司、中国通用技术集团公司、中国大唐集团公司、中国电信集团公司、中国移动通信集团公司、中国电子科技集团公司、中国电子信息产业集团有限公司、中国远洋运输（集团）总公司、中国机械工业集团有限公司、中国国电集团公司、宝钢集团有限公司、武汉钢铁（集团）公司、中国船舶重工集团公司。

2015年第二轮

时间：2015年6月

数量：26个

常规巡视单位（0个）：

专项巡视单位（26个）：中央台湾工作办公室、中央直属机关事务管理局、交通运输部、国家机关事务管理局、国家铁路局、中国民用航空局、国务院扶贫开发领导小组办公室、人民日报社、求是杂志社、中国航空集团公司、中国东方航空集团公司、中国港中旅集团公司、招商局集团有限公司、中国航天科技集团公司、中国航天科工集团公司、中国航空工业集团公司、中国兵器工业集团公司、中国兵器装备集团公司、中国商用飞机有限责任公司、华润（集团）有限公司、鞍钢集团公司、中国铝业公司、中国第一重型机械集团公司、哈尔滨电气集团公司、中国邮政集团公司、中国铁路总公司。①

---

① 参见中央纪委监察部网站。

事实上，巡视组已经成为党中央加强对各级党政领导干部监督的利器，效果明显，影响深远。像陈良宇、侯伍杰等一些高级领导干部的问题，最初线索都是在巡视工作中发现的。党的十八大以来，从媒体的报道就可以了解到，许多重大问题，特别是一些地方一把手的问题，都是在巡视工作中揭露查实的。不少群众原来对巡视工作是持观望态度的，看到巡视组是动真格的，也转变了态度，积极主动地支持和配合巡视组的工作。

综上所述，建立巡视制度是我们党对工人阶级政党自我监督机制的一个创造，对于落实全面从严治党的战略部署发挥了重要作用。党的十八大以来的干部管理工作实践告诉我们，只要我们在全面从严治党中，坚持从严治吏，坚持从严管理干部，加强对干部履职情况的考核和监督，实行严格的问责制，一定能够建设一支经得起长期执政和改革开放严峻考验的干部队伍，带领群众完成历史和时代赋予我们党的重任。

（四）以干部能上能下破除“官本位”

从严治吏，是一个党和国家政权建设的问题，也是一个社会性问题。在中国，“官本位”观念由来已久，根深蒂固。它是中国买官卖官、以权谋私、官僚主义盛行的重要思想根源。因此，从严治吏不仅要抓干部的党性、思想和作风教育，不仅要抓干部的选拔、任用和管理，而且要以干部的流动包括能上能下、能进能出等措施，从根本上破除“官本位”的理念和机制。

在党的十八届三中全会通过的全面深化改革的纲领性文献中，已经明确提出，干部制度建设要“破除‘官本位’观念，推进干部能上能下、能进能出”[①]。2014 年 7、8 月，中央政治局常委会、中央政治局会议审议《深化党的建设制度改革实施方案》时，习近平总书记指出，从严治党、从严管理干部，要下功夫把干部的问责、惩处制度抓好，建立领导干部能上能下的制度机制。党中央在 2015 年 7 月底公布的《推进领导干部能上能下若干规定（试行)》，认真贯彻中央关于干部队伍建设的新精神新要求，充分吸收党的十八大以来全面从严治党的重要成果，进一步完善了从严管理干部制度体系，通过建立干部的能上能下的机制来削弱“官本位”的积习，为落实全面从严治党、从严治吏提供了重要制度保证。

干部能上不能下，已经成为长期制约干部工作的难点问题。多年来，我们的干部队伍越来越庞大，除了少数因有违纪违法行为按照党的纪律规定和有关法律法规处理的，对其他一些庸官、懒官、劣官毫无办法。他们一进入干部队伍，吃上“皇粮”，不仅捧上了“铁饭碗”，还要按年头给他提职提工资。而这一问题不解决，“官本位”的问题就破解不了，从严治吏就会成为一句空话。改革开放以来，建立领导干部退休制度，解决了事实上存在的领导职务终身制的问题；任期制的实施，进一步使领导干部在一个岗位上的任职时间有了必要限制；1986 年，中央转发中组部制定的《关于调整不胜任现职领导干部职务几个问题的通知》，探索以干部德才表现为标准推进能上能下，迈出了制度建设的重要一步。近年来，各地各部门按照中央要求和部署，在推进领导干部能上能下方面积极探索、大胆实践，取得一定成效，但总体上能上能下尚未常态化、机制化，特别是相关法规制度还是一块短板。因此，党的十八大以来，以习近平同志为总书记的党中央决

① 《中共中央关于全面深化改革若干重大问题的决定》，载《人民日报》，2013－11－16。

定以建立干部的能上能下的制度来完善吏治，削弱“官本位”的积习，是一个十分重要的探索。党中央制定出台的《推进领导干部能上能下若干规定（试行）》，明确干部“下”的标准，规范干部“下”的方式，疏通干部“下”的渠道，有利于促进能者上、庸者下、劣者汰，形成完善的工作机制和良好的用人导向，具有重要意义。

应该讲，“能上能下”是一句老话，本意指的是干部应该不计较职位高低，不论处于领导岗位或在基层从事实际工作，都能踏踏实实地工作。邓小平在1962年11月接见参加组织工作会议和全国监察工作会议的同志时就说过：“多少年来，我们对干部就是包下来，能上不能下。现在看来，副作用很大。”[①]“唯一的出路是要能下。这是一项很艰巨的工作。”[②]他建议可以先从基层做起，试验一下，“这对干部是一个锻炼”[③]。现在，我们实行的“能上能下”，强调要规范对有关领导干部的组织调整，重点解决的是干部能下问题，这一点同邓小平当年考虑的是一样的；但是着力点是解决为官不正、为官不为、为官乱为等问题，推动形成能者上、庸者下、劣者汰的用人导向和从政环境，这一点又有今天的要求和特点。也就是说，我们今天实行的干部“能上能下”制度，既要严格执行干部到龄免职（退休）、任期届满离任等制度规定，又要加大问责追究、调整不适宜担任现职干部等的工作力度，促使领导干部自觉践行“三严三实”要求。

因此，我们完全可以说，十八大后出台的《推进领导干部能上能下若干规定（试行）》（简称《规定》），是建立健全领导干部能

①② 《邓小平文选》，2版，第1卷，329页，北京，人民出版社，1994。

③ 同上书，330页。

上能下制度机制的一个突破。中共中央办公厅在印发《规定》的通知中指出，按照全面从严治党、从严管理干部要求，对解决干部能上不能下问题作出具体规定，规范了工作程序，建立了工作责任制，是做好新时期干部工作的重要遵循。特别是，强调指出这一《规定》的颁布实施，对于贯彻落实党的十八大和十八届三中、四中全会精神，贯彻落实习近平总书记系列重要讲话精神，完善从严管理干部队伍制度体系，着力解决为官不正、为官不为、为官乱为等问题，推动形成能者上、庸者下、劣者汰的用人导向和从政环境，建设高素质干部队伍，具有十分重要的意义。与此同时，中办的通知要求，各级党委（党组）要将推进领导干部能上能下纳入全面从严治党、从严管理干部的重要内容，坚持原则、敢于负责，做到真管真严、敢管敢严、长管长严。提出要加强督促检查，对贯彻落实《规定》不力的，严肃追究责任。还提出要正确把握政策界限，注意保护干部干事创业、改革创新的积极性。这一切规定，都具有十分重要的意义。

不仅如此，中共中央办公厅印发的《推进领导干部能上能下若干规定（试行)》，还对“哪些人、哪种情况”必须“下”，作出了十分具体的规定。这就是：

第一，健全正常的“下”的制度和机制。这就是“两个严格”和一个“特殊情况”。“两个严格”指的是，严格执行干部退休制度，干部达到任职年龄界限或者退休年龄界限的，应当按照有关规定程序办理免职（退休）手续。确因工作需要而延迟免职（退休）的，应当按照干部管理权限，由党委（党组）研究提出意见，报上一级党组织同意。严格执行领导干部职务任期制度，任期年限、届数和最高任职年限，一般不得延长。加强任期内考核和管理，经考核认定不适宜继续任职的，应当中止任期、免去现职，不得以任期未满为由继续留任。干部任期内免职按照有关规定程序办理。一个“特殊情况”，指的是干部因健康原因，无法正常履行工作职责一年以上的，应当对其工作岗位进行调整。恢复健康后，参照原任职务层次作出安排。

第二，健全领导干部问责“下”的制度和机制。中央要求，加大领导干部问责力度。除了《关于实行党政领导干部问责的暂行规定》(简称《规定》) 第五条所列“对群体性、突发性事件处置失当，导致事态恶化，造成恶劣影响的”情形外，具有下列情形之一的，也应当对有关领导干部实行问责：(1) 落实从严治党责任不力，贯彻党风廉政建设责任制不到位，本地区本部门本单位或者分管领域在较短时间内连续出现违纪违法问题的；(2) 法治观念淡薄，不依法办事，不按法定程序决策，或者依法应当及时作出决策但久拖不决，造成不良影响和后果的；(3) 抓作风建设不力，本地区本部门本单位或者分管领域形式主义、官僚主义、享乐主义和奢靡之风比较突出的；(4) 在干部选拔任用工作中任人唯亲、营私舞弊，本地区本部门本单位或者分管领域用人上不正之风比较突出的；(5) 对配偶、子女及其配偶和身边工作人员教育管理不严、约束不力，甚至默许其利用自身职权或者职务上的影响谋取不正当利益的。发生上述情形的，对有关领导干部实行问责的方式包括责令公开道歉、停职检查、引咎辞职、责令辞职、免职。问责程序按照《关于实行党政领导干部问责的暂行规定》执行。

第三，健全对不适宜担任现职的干部进行调整的“下”的制度和机制。不适宜担任现职，主要指干部的德、能、勤、绩、廉与所任职务要求不符，不宜在现岗位继续任职。《规定》指出，干部具有下列情形之一，经组织提醒、教育或者函询、诫勉没有改正，被认定为不适宜担任现职的，必须及时予以调整：(1) 不严格遵守党的政治纪律和政治规矩，不坚决执行党的基本路线和各项方针政策，不能在思想上政治上行动上同党中央保持高度一致的；(2) 理想信念动摇，在重大原则问题上立场不坚定，关键时刻经不住考验的；(3) 违背党的民主集中制原则，独断专行或者软弱涣散，拒不执行或者擅自改变党组织作出的决定，在领导班子中闹无原则纠纷的；(4) 组织观念淡薄，不执行重要情况请示报告制度，或者个人有关事项不如实填报甚至隐瞒不报的；(5) 违背中央八项规定精神，不严格遵守廉洁从政有关规定的；(6) 不敢担当、不负责任，为官不为、庸懒散拖，干部群众意见较大的；(7) 不能有效履行职责、按要求完成工作任务，单位工作或者分管工作处于落后状态，或者出现较大失误的；(8) 品行不端，违背社会公德、职业道德、家庭伦理道德，造成不良影响的；(9) 配偶已移居国（境）外，或者没有配偶但子女均已移居国（境）外，不适宜担任其所任职务的；(10) 其他不适宜担任现职的情形。

为了防止有的地方有的领导以自己个人的好恶调整干部职务时，或者乘机搞个人打击报复，中央在《规定》中，还明确提出，在推进领导干部能上能下工作中，严明工作纪律，不得搞好人主义，不得避重就轻、以纪律处分规避组织调整或者以组织调整代替纪律处分，不得借机打击报复。不仅如此，《规定》对于怎么样调整不适宜担任现职干部，规定了严格的程序。这就是：(1) 考察核实。综合分析年度考核、平时考核、任职考察、巡视、审计、个人有关事项报告抽查核实、民主评议、信访举报核实等情况，有针对性地考察核实，作出客观公正评价和准确认定。要注重听取群众反映、了解群众口碑，特别是听取工作对象、服务对象等相关人员的意见。(2) 提出调整建议。党委（党组）或者组织（人事）部门根据考察核实结果，对不适宜担任现职干部提出调整建议。调整建议包括调整原因、调整方式等内容。提出调整建议前，应当与干部本人谈话，说明调整理由，听取其陈述意见。(3) 组织决定。党委（党组）召开会议集体研究，作出调整决定。作出决定前，应当听取有关方面意见。(4) 谈话。党委（党组）负责同志或者组织（人事）部门负责同志与调整对象进行谈话，宣布组织决定，认真细致做好思想工作。(5) 按照有关规定履行任免程序。对选举和依法任免的干部，按照有关法律法规规定的程序进行。为了保证被调整干部的权利，《规定》还指出，干部本人对调整决定不服的，可以按照有关规定申请复核或者向上级组织（人事）部门提出申诉。复核、申诉期间不停止调整决定的执行。从干部调整岗位的次月起，调整其级别和工资待遇。

《规定》还指出，对不适宜担任现职干部，应当根据其一贯表现和工作需要，区分不同情形，采取调离岗位、改任非领导职务、免职、降职等方式予以调整。对非个人原因不能胜任现职岗位的，应当予以妥善安排。同时，因不适宜担任现职调离岗位、改任非领导职务、免职的，一年内不得提拔；降职的，两年内不得提拔。影响期满后，对德才表现和工作实绩突出，因工作需要且经考察符合任职条件的，可以提拔任职。

应该充分认识到，在十八大以来采取的从严治吏的各项举措中，实行干部能上能下是最难的，也是最重要的。以习近平同志为总书记的党中央以极大的魄力推进这一改革，不仅将深化党的建设制度特别是干部管理制度的改革，而且将为破除中国根深蒂固的“官本位”观念打开一个突破口，意义十分重大。

六、全面从严治党最重要的是中央领导层的建设

以习近平同志为总书记的党中央在提出全面从严治党这一战略思想的过程中，有一个最突出的亮点，那就是严于自律，从自己做起。抓党建首先抓中央领导层，这既是习近平总书记全面从严治党的重要特点，也是党中央全面从严治党的决策能够落到实地的最重要最根本的保证。

（一）从邓小平的“政治交代”讲起

回顾历史，邓小平在向以江泽民同志为核心的党的第三代中央领导集体交班时，对于怎么样加强党的建设特别是怎么样加强中央领导层的建设讲了许多话。用他自己的话来说，这些讲话都是他对新一代中央领导集体的“政治交代”。重温邓小平的“政治交代”，对于理解以习近平同志为总书记的党中央的全面从严治党思想，大有裨益。

在邓小平的文献中，有一部分著作具有特殊重要的历史地位和历史意义，因为它们被邓小平本人称为“这就算是我的政治交代”[①]。这些著作，包括《组成一个实行改革的有希望的领导集体》(1989年5月31日)、《第三代领导集体的当务之急》(1989年6月16日)、《改革开放政策稳定，中国大有希望》(1989年9月4日)。后来在编写《邓小平文选》第三卷时，他还说过：“实际上，这是个政治交代的东西。”[②] 这是从更为宽广的意义上讲的“政治交代”，实质是要全党坚定不移地坚持党的十一届三中全会以来形成的基本理论、基本路线和基本经验。

我们在这里研究的重点是邓小平在国内政治风波发生后，对中央领导同志特别是新一届中央领导同志的“政治交代”。

第一，邓小平为什么要做这样的政治交代?

---

① 《邓小平文选》，1版，第3卷，301页。

② 《邓小平年谱（1975—1997)》(下)，1363页，北京，中央文献出版社，2004。

在 1989 年 6 月 9 日接见首都戒严部队军以上干部时，邓小平在分析了国内政治风波发生的原因及其教训后，郑重地指出："这次事件爆发出来，很值得我们思索，促使我们很冷静地考虑一下过去，也考虑一下未来。"① 这一段话，反映了邓小平和老一辈革命家对党、国家、民族、人民自觉的历史责任。因此，他重点阐述了"以后我们怎么办"这个关系到中国未来发展的重大问题。他说："要坚定不移地执行党的十一届三中全会以来制定的一系列路线、方针、政策，要认真总结经验，对的要继续坚持，失误的要纠正，不足的要加点劲。总之，要总结现在，看到未来。"② 这一思想，深刻地体现在他对以江泽民同志为核心的党的第三代中央领导集体的政治交代之中。

第二，邓小平在政治交代中讲了些什么内容呢?

在这些政治交代中，邓小平集中讲的一个问题是：党的建设，最重要的，是中央领导层的思想、政治、组织和制度建设。他在政治交代中，明确说过："只要有一个好的政治局，特别是有一个好的常委会，只要它是团结的，努力工作的，能够成为榜样的，就是在艰苦创业反对腐败方面成为榜样的，什么乱子出来都挡得住。"③ 这是积历史之经验包括改革开放以来新经验得出的重要结论。我们在加强党的建设的时候，任何时候都应该牢记邓小平的这一至理名言和重要指示。

首先，他强调"新的中央领导机构要使人民感到面貌一新，感到是一个实行改革的有希望的领导班子。这是最重要的一条"④。

---

① 《邓小平文选》，1 版，第 3 卷，304 页。

② 同上书，308 页。

③ 同上书，310 页。

④ 同上书，296 页。

他说："我们现在就是要选人民公认是坚持改革开放路线并有政绩的人，大胆地将他们放进新的领导机构里，要使人民感到我们真心诚意要搞改革开放。"① 他之所以要提出应该组成一个什么样的领导集体，显然是为了将改革开放继续推向前进，是为了国家的长治久安。正如他语重心长地说过的："国家的命运、党的命运、人民的命运需要有这样一个领导集体。"②

其次，他强调："最重要的问题是要胸襟开阔。要从大局看问题，放眼世界，放眼未来，也放眼当前，放眼一切方面。"③ 他明确指出："我们组成的这个新的领导机构，眼界要非常宽阔，胸襟要非常宽阔，这是对我们第三代领导人最根本的要求。"④ 他强调："这个班子要搞好，关键是要形成集体领导。"⑤ 他对中央领导同志说："你们应该是一个合作得很好的集体，是一个独立思考的集体。"⑥

再次，他突出地强调新的中央领导集体形成后应该怎样工作。他指出，经济不能滑坡。凡是能够积极争取的发展速度还是要积极争取，当然不要像过去想的那么高。他强调指出："如果再翻一番，没有水分的翻一番，那时候人民就会看到我们的国家、我们的社会主义事业是兴旺发达的。"⑦ 为此，他在政治交代中对于当时面临的经济问题怎么解决也提出了许多真知灼见。同时，他强调指出，新一届领导集体要"做几件使人民满意的事情。主要是

---

① 《邓小平文选》，1版，第3卷，300页。
② 同上书，310页。
③ 同上书，300页。
④ 同上书，299页。
⑤⑥ 同上书，318页。
⑦ 同上书，312页。

两个方面，一个是更大胆地改革开放，另一个是抓紧惩治腐败”①。这两个方面，体现了他一贯主张的“两手抓”的思想。对于改革开放，他还有针对性地强调要把进一步开放的旗帜打出去。他说：“现在国际上担心我们会收，我们就要做几件事情，表明我们改革开放的政策不变，而且要进一步地改革开放。”② 对于惩治腐败，他明确提出至少抓一二十件大案，透明度要高，处理不能迟。他说：“对我们来说，要整好我们的党，实现我们的战略目标，不惩治腐败，特别是党内的高层的腐败现象，确实有失败的危险。”③他还振聋发聩地提出：“常委会的同志要聚精会神地抓党的建设，这个党该抓了，不抓不行了。”④

最后，邓小平还强调在国际问题上“要维护我们独立自主、不信邪、不怕鬼的形象”⑤。他鲜明地指出，面对挑衅“绝不能示弱”⑥。同时，他极具睿智地提出：“对于国际局势，概括起来就是三句话：第一句话，冷静观察；第二句话，稳住阵脚；第三句话，沉着应付。不要急，也急不得。要冷静、冷静、再冷静，埋头实干，做好一件事，我们自己的事。”⑦

与此同时，邓小平在政治交代中，还讲了他本人在完全退出领导岗位后会怎么样支持在岗位上的领导同志的问题。1989 年 9 月 4 日，邓小平在住地同江泽民、李鹏、乔石、姚依林、宋平、李瑞环、杨尚昆、万里谈话，主题是商量他的退休问题。同日，他给中央政治局写信请求辞去担任的中共中央军事委员会主席的职务。他在信中说，1980 年我就提出要改革党和国家的领导制度，

---

①②③ 《邓小平文选》，1 版，第 3 卷，313 页。
④ 同上书，314 页。
⑤⑥ 同上书，320 页。
⑦ 同上书，321 页。

废除干部领导职务终身制。近年来，不少老同志已相继退出了中央领导岗位。1987 年在党的十三大召开以前，为了身体力行地废除干部领导职务终身制，我提出了退休的愿望。当时，中央反复考虑我本人和党内外的意见，决定同意我辞去中央政治局常委、中央政治局委员、中央顾问委员会主任的职务，退出中央委员会和中央顾问委员会；决定我留任党和国家的军委主席的职务。此后，当中央的领导集体就重大问题征询我的意见时，我也始终尊重和支持中央领导集体多数同志的意见。他说，党的十三届四中全会选出的以江泽民同志为首的领导核心，现已卓有成效地开展工作。“经过慎重考虑，我想趁自己身体还健康的时候辞去现任职务，实现夙愿。”① 他恳请中央批准他的要求，还说将向全国人民代表大会提出辞去国家军委主席的请求。邓小平的这一决策，标志着我们在邓小平的提议和身体力行下，完全废除了干部领导职务终身制，建立了领导干部退休制度。这是我国政治体制改革的重大进展。

邓小平对于自己退休后起什么作用的问题，在 1989 年 6 月 16 日一次谈话中，也专门作了交代。他说，我不希望在新的政治局、新的常委会产生后再宣布我起一个什么样的作用。他说：“一个国家的命运建立在一两个人的声望上面，是很不健康的，是很危险的。”② “现在看起来，我的分量太重，对国家和党不利，有一天就会很危险。”③ 与此同时，他也说到，你们有事要找我，我不会拒绝，但是不能像过去一样。如果有什么事情，我完全可以在旁边帮帮忙，绝不要正式再搞个什么头衔了。他郑重地对大家说：“新

---

① 《邓小平文选》，1 版，第 3 卷，322 页。
② 同上书，311 页。
③ 同上书，310 页。

的领导一经建立有秩序的工作以后，我就不再过问、不再干预大家的事情。我说过，这是我的政治交代。”①

邓小平的这些政治交代，是一个考虑十分成熟的周到的政治交代，让人折服，让人感动，字字句句都体现了邓小平和以他为代表的老一辈革命家对党对人民的无限忠诚。这些政治交代，尽管是对以江泽民同志为核心的党的第三代中央领导集体讲的，但由于这些政治交代讲的是我们党的建设重点是要建设一个好的中央政治局，特别是好的政治局常委会，讲的是我们应该组成一个什么样的中央领导集体、新的中央领导集体形成时应该怎样工作等关系到党和国家全局发展的根本问题，具有普遍的指导意义。

我们高兴地看到，党的十八大后，以习近平同志为总书记的党中央一形成，就明确提出要高举中国特色社会主义伟大旗帜，继承邓小平开创的中国特色社会主义事业，从中央最高领导层的思想政治建设和作风建设抓起，领导全党一手抓全面深化改革，一手抓从严惩治腐败，果断整治“四风”，展现了励精图治、奋发有为的新形象。广大人民群众从党中央最高领导层的一言一行，从党中央深得民心的决策中，看到了中国共产党的新希望，增强了党和人民对中国特色社会主义的道路自信、理论自信、制度自信。

（二）以身作则，带头学习、坚持和发展中国特色社会主义

“要有一个好的政治局，特别是有一个好的常委会”②，邓小

①② 《邓小平文选》，1版，第3卷，310页。

平的这一政治交代和殷切希望，是加强中央最高领导层建设的目标。怎么样达到这一目标？加强中央政治局的集体学习，是一个重要的举措。

党的十八大后，以习近平同志为总书记的党中央在中央领导层的思想建设上的一个亮点，就是以身作则，带头学习、坚持和发展中国特色社会主义。由邓小平开创的中国特色社会主义，是马克思主义和当代中国实际和时代特征相结合的产物。以江泽民同志为核心的党的第三代中央领导集体把中国特色社会主义推进到了21世纪，以胡锦涛同志为主要代表的中国共产党人在新世纪继承和发展了中国特色社会主义。习近平总书记在十八大后说过，马克思主义必定随着时代、实践和科学的发展而不断发展，不可能一成不变，社会主义从来都是在开拓中前进的。坚持和发展中国特色社会主义是一篇大文章，现在我们这一代共产党人的任务就是要继续把这一篇大文章写下去。

习近平同志在十八届一中全会上当选为总书记后发表的第一次讲话，是对新当选的中央委员、候补委员讲的。这个讲话后来在发表的时候加了一个题目，就是《全面贯彻落实党的十八大精神要突出抓好六个方面工作》。这六个方面工作，第一项工作就是高举中国特色社会主义伟大旗帜，第二项工作是要抓好理论武装。习近平总书记为什么那么重视“高举旗帜”“理论武装”这些大概念？他说，这是因为中国特色社会主义是管全局的，管方向，管长远的。这里马上带来一个问题，在中国，是谁在管全局、管方向、管大局？毫无疑问，首先就是中央委员会、中央政治局、中央政治局常委。因此，“高举旗帜”也好，“理论武装”也好，主要对象是谁？就是中央委员会、中央政治局、中央政治局常委。所以，习近平总书记在强调坚持和发展中国社会主义这个问题的时候，首先强调的就是中央领导应该怎么样坚持和发展的问题。他在十八届一中全会上要求大家对于中国特色社会主义，要深刻领会、认真贯彻，要“咬定青山不放松”，不为任何风险所惧，不为任何干扰所乱。这里的“大家”是谁？大家，首先就是在座的第十八届中央委员会的委员和候补委员。

我们还可以注意到，十八大后第一次中央政治局的集体学习，内容是学习十八大精神，重点是中国特色社会主义。习近平总书记在政治局集体学习时发表的重要讲话中，全面阐述了中国特色社会主义的根本成就，中国特色社会主义道路、理论体系、制度三位一体的构成，中国特色社会主义的总依据、总布局、总任务，夺取中国特色社会主义新胜利的基本要求，确保党始终成为中国特色社会主义事业坚强领导核心，这样五大问题。特别是，他提出中央政治局在贯彻十八大精神的时候，在带领全党全国人民落实十八大精神的时候，要紧紧抓住坚持和发展中国特色社会主义这条主线，把它作为贯彻学习十八大精神的聚焦点、着力点、落脚点。到 2013 年 6 月，中央政治局第七次集体学习又聚焦中国特色社会主义理论和实践，这很引人注目。而且，这两次政治局集体学习的形式和以往的形式不一样，以往的形式都是有一两个老师做辅导，然后政治局委员讨论，最后是总书记做个总结。但是这两次政治局集体学习的形式不同，没有老师辅导，是政治局委员、政治局常委自己准备自己发言。在这两次学习当中，习近平同志发表了两次讲话，有 12 位政治局委员包括全部常委都做了发言。那么，为什么两次政治局集体学习要学同一个主题？为什么这两次学习让政治局委员、常委自己准备发言而不要老师来辅导？我们注意到，我们的体制和西方不一样，西方的竞选制选的是一个领头人，一个总统或者首相或者总理，但是班子是组阁的，是找我要的人。我们的情况不一样，我们的政治局委员都是选出来的，常委也都是选出来的，中央领导层每个人都是选出来的，不是一朝天子一朝臣。作为党中央领头人的总书记，要把这个班子组成一个团结统一的、有战斗力的、能协调工作的集体，首先就要在领导层里统一对大方向、对大局的认识。怎么统一呢？就是抓集体学习，就是围绕中国特色社会主义这个主题学习，让每一个政治局委员、常委通过学习交流达成共识。从这么一种形式的变化里，我们可以体会到，习近平总书记坚持和发展中国特色社会主义，不是一般地泛泛地谈高举旗帜，不是一般地泛泛地要求大家都去坚持和发展中国特色社会主义，而是重点抓中央高层领导的思想认识统一。通过学习统一思想认识，这是中国共产党成功的秘密。

与此同时，习近平总书记对十八大新晋中央委员和候补委员的学习抓得也非常紧。我们党改革开放以来在接班人问题上实行的是梯队接班。邓小平曾经说过，中央委员会里面要有 60 多岁的人、50 多岁的人，还要有 40 多岁的人，就是要形成一个梯队。一个梯队五年一届，两届十年。因此，每一届中央委员会选举以后都有比较大的人员的结构性调整。中央委员会这种梯队的构成特点，是有利于党永驻青春、不断发展的。在梯队里面，在一个年龄层的人中总有几个脱颖而出的优秀分子。当然，我们也不回避这个梯队中会有几个垃圾，那是要淘汰的。正因为有这个梯队的设计，所以中央委员会自身的建设非常重要，特别是要抓好新晋中央委员、候补委员的思想建设。十八大后，党中央在中央党校举办了第十八届中央委员会新委员和新候补委员的研讨班。在这个研讨班上，习近平总书记亲自讲课。他讲的是什么呢？是世界社会主义五百年的历史。他讲了社会主义是怎样从空想到科学发展的，马克思恩格斯是怎样创立科学社会主义的，列宁是怎样领导十月革命取得胜利并实现社会主义的，苏联模式在斯大林时代怎么形成的以及教训在哪里，新中国成立以后我们党对社会主义建设的探索实践，中国特色社会主义是怎样形成和发展起来的。娓娓道来，别开生面。这个题选的好，因为中央委员会的新委员、新候补委员，他们在各岗位上经过了很多锻炼，也知道一些中国特色社会主义道理，但是究竟中国特色社会主义是怎么回事，并不是所有的领导同志都了解的。特别是我们的干部队伍中理工科毕业的人比较多，对于世界社会主义五百年的历史，由总书记这么系统地讲一讲，进行历史经验的回顾和总结，可以更好地体会我们为什么要选择走中国特色社会主义这条道路，中国特色社会主义道路究竟是什么道路。这可以帮助大家从思想上更好地认同中国特色社会主义，在实践上更好地坚持中国特色社会主义。

通过这么一个简要的回顾，我们可以注意到两点：第一点，从习近平总书记十八届一中全会的讲话、政治局第一次集体学习的讲话以及政治局第七次集体学习的讲话，到对新晋中央委员、候补委员的讲话，我们可以清楚地看到习近平总书记在领导人民治国理政的时候，抓的第一条就是学习、坚持和发展中国特色社会主义；第二点，从他这些重要讲话的对象看，我们可以体会到他坚持和发展中国特色社会主义的最大特点，是坚持从中央高层领导自己做起，在这个关系中国发展大局和方向的问题上首先统一中央领导层的思想。

（三）严于律己，制定约束自己的“八项规定”

抓党的思想建设，首先从中央政治局自己做起；抓改进党的作风，也首先从中央政治局做起。这是以习近平同志为总书记的党中央坚持全面从严治党的一大特点。习近平抓党的作风建设的第一个举措，就是在新一届中央政治局一形成，就带头做出规定，严肃党的纪律。

2012 年 12 月 4 日，习近平总书记主持政治局会议，审议中央政治局关于改进工作作风、密切联系群众的八项规定。

这八项规定是：

(1) 中央政治局全体同志要改进调查研究，到基层调研要深入了解真实情况，总结经验、研究问题、解决困难、指导工作，向群众学习、向实践学习，多同群众座谈，多同干部谈心，多商量讨论，多解剖典型，多到困难和矛盾集中、群众意见多的地方去，切忌走过场、搞形式主义。

(2) 要轻车简从、减少陪同、简化接待，不张贴悬挂标语横幅，不安排群众迎送，不铺设迎宾地毯，不摆放花草，不安排宴请。

(3) 要精简会议活动，切实改进会风，严格控制以中央名义召开的各类全国性会议和举行的重大活动，不开泛泛部署工作和提要求的会，未经中央批准一律不出席各类剪彩、奠基活动和庆祝会、纪念会、表彰会、博览会、研讨会及各类论坛；提高会议实效，开短会、讲短话，力戒空话、套话。

(4) 要精简文件简报，切实改进文风，没有实质内容、可发可不发的文件、简报一律不发。

(5) 要规范出访活动，从外交工作大局需要出发合理安排出访活动，严格控制出访随行人员，严格按照规定乘坐交通工具，一般不安排中资机构、华侨华人、留学生代表等到机场迎送。

(6) 要改进警卫工作，坚持有利于联系群众的原则，减少交通管制，一般情况下不得封路、不清场闭馆。要改进新闻报道，中央政治局同志出席会议和活动应根据工作需要、新闻价值、社会效果决定是否报道，进一步压缩报道的数量、字数、时长。

(7) 要严格文稿发表，除中央统一安排外，个人不公开出版著作、讲话单行本，不发贺信、贺电，不题词、题字。

(8) 要厉行勤俭节约，严格遵守廉洁从政有关规定，严格执行住房、车辆配备等有关工作和生活待遇的规定。

这“八项规定”是对中央政治局的作风做规定，内容具体明了，针对性强，体现了新一届中央领导从自己做起、从严治党的要求。同时，这也是中央政治局对全党全国人民的一个庄严承诺，在全社会产生了轰动性的反响。

虽然这八项规定，规定的是中央政治局应该做什么，不能做什么，但起了积极的表率作用，全党全军各个部门和各个地方即刻跟进，制定了相应的规定。特别是，在中央政治局“八项规定”颁布后，中纪委也紧紧跟上，严肃查处违反“八项规定”精神的问题，并向全社会发出通报。据统计，从中央出台“八项规定”到 2015 年 10 月底，全国累计查处违反“八项规定”精神问题 104 934起，处理 138 867 人（省部级干部 7 人、地厅级干部 678 人、县处级干部 7 389 人、乡科级干部 130 793 人），其中 55 289 人受到党纪政纪处分。因此，“八项规定”出台后，各地方的公款吃喝风明显降温，干部作风明显改观，在党内外好评如潮，我们党进一步赢得了人民群众的信赖、拥护和支持。

据《人民日报》2015 年 12 月 30 日报道，按照党中央关于在县处级以上领导干部中开展“三严三实”专题教育的部署，中共中央政治局于 12 月 28 日至 29 日召开专题民主生活会，围绕中央政治局带头践行严以修身、严以用权、严以律己、谋事要实、创业要实、做人要实的要求，联系中央政治局工作，联系党的十八大以来中央抓作风建设的实际，联系自身执行中央八项规定的实际，联系严格教育管理家属子女和身边工作人员的实际，联系周永康、薄熙来、徐才厚、郭伯雄、令计划等人案件的深刻教训，进行党性分析，开展批评和自我批评，总结党的十八大以来作风建设的实践，研究加强党风廉政建设、加强中央政治局自身建设的措施。

会议首先审议了《关于三年来中央政治局贯彻执行中央八项规定、落实加强作风建设措施情况的报告》《关于对中央政治局践行“三严三实”要求、加强自身建设征求意见情况的报告》。随后，中央政治局同志逐个发言，按照党中央要求进行对照检查。会议自始至终严肃活泼，有交流讨论，有思想碰撞，有批评和自我批评，体现了“严”和“实”的要求，体现了对党和人民高度负责的态度，体现了开诚布公、团结和谐的精神。

习近平同志在政治局民主生活会上发表了重要讲话，就中央政治局坚持贯彻“八项规定”，当好“三严三实”表率，提出了四点要求：

第一，自觉把“三严三实”要求体现到坚持坚定正确的政治方向上。在中央政治局的位置上工作，必须坚持坚定正确的政治方向，有坚定的马克思主义信仰、坚定的社会主义和共产主义信念，并为这种理想信念矢志不渝奋斗，无论遇到什么困难和挫折都不动摇或背离理想信念；必须有全心全意为人民服务的公仆情怀，心中时刻装着国家和人民，自觉为党的事业和人民幸福鞠躬尽瘁、死而后已；必须有较高的思想理论水平和领导艺术，坚持真理，开阔视野，熟悉国情，了解世界，模范执行民主集中制，善于驾驭和处理各种复杂矛盾，善于从政治上观察、分析、解决问题，善于组织带领人民群众一道前进；必须对党忠诚，知行合一，言行一致，表里如一，政治品质优秀，道德情操高尚，脱离一切低级趣味，时时处处以榜样力量感召干部群众。这些要求的核心，是做政治上的明白人，政治能力要强，思想定力、战略定力、道德定力要特别过硬，经得起大风大浪考验。政治上的坚定源于理论上的清醒。要自觉加强理论学习，掌握马克思主义立场、观点、方法，同时要用各种科学知识把自己更好地武装起来，增强政治敏锐性和政治鉴别力。

第二，自觉把“三严三实”要求体现到落实党中央重大决策部署上。中央政治局的同志必须有很强的看齐意识，经常、主动向党中央看齐，向党的理论和路线方针政策看齐。制定各方面决策部署，首先要有正确大局观，站在党和国家大局上想问题、看问题，特别要把所分管方面的工作同党中央重大决策部署衔接起来、统一起来。无论综合性决策还是专项性决策，都要找准在全局中的合理定位，做到科学决策、民主决策、依法决策，在把握客观规律的基础上确定工作目标和举措。要统筹谋划、通盘考虑各方面因素，兼顾各方面利益，协调各方面关系，明确轻重缓急，使各方面资源发挥最大效用。要有很强的责任意识，敢于负责、敢作敢为，党中央定下来的事情就一定抓好，使各项工作既为一域争光、又为全局添彩。

第三，自觉把“三严三实”要求体现到对分管方面的管理上。中央政治局的同志践行“三严三实”，既要以身作则，又要注重管理引导。要把抓工作同抓管理在各个环节结合起来，善于在工作中总结管理经验、发现管理漏洞、指导完善管理措施。要有很强的带队伍意识，既管事又管思想管作风，特别要明确要求和督促所管方面坚决贯彻执行党的路线方针政策和党中央重大决策部署，同党中央保持一致；明确要求和督促所管方面正确履行职能，提高工作质量和工作效率；明确要求和督促所管方面按干部制度和干部条件选人用人，使各方面干部和人才各得其所，优秀干部能脱颖而出、健康成长；明确要求和督促所管方面落实全面从严治党要求，严格执行党的建设各项制度和规定，营造良好政治生态。发现不严不实问题，都要严肃指出，敢于板起脸来批评，并督促改正。

第四，自觉把“三严三实”要求体现到严格要求自己上。中央政治局的同志不能有权力上、地位上的优越感。无论公事私事，都要坚持党性原则，都要加强自我约束，鼓励和欢迎下级和身边工作人员监督，不折不扣执行党的纪律和规矩。对亲属子女和身边工作人员，要严格教育、严格管理、严格监督，发现问题及时提醒、坚决纠正。

有些人曾经以观望的态度看这八项规定，有的人甚至把它看作一阵风，风头一过依然会照旧。但是，实际情况大大出乎他们的意料，“八项规定”精神的执行越来越严。2014 年 3 月 9 日，习近平总书记在参加十二届全国人民代表大会第二次会议安徽代表团审议时明确指出，作风建设永远在路上。如果前热后冷、前紧后松，就会功亏一篑。人们从中看到中国共产党已经把作风建设作为新时期的“持久战”来开打。这对全党全国人民来讲，也是一个福音。

附记：

正当我拟提纲准备开写这本小书的时候，在网上读到了著名企业家，大连万达集团股份有限公司董事长、总裁王健林于 2015 年 10 月 30 日在美国哈佛大学的讲演。这个演讲十分精彩，其中有一部分与我研究的课题有关，就把它下载了。全文如下：

> 提问：现在我要问一个有争议的问题了，您可以决定是否回答。我看过一篇《纽约时报》的报道，是去年4月28日发表的。说万达之所以发展快，关键是有背景，包括习近平等领导的亲属都是你们万达上市公司股东，请问是否确有此事？
>
> 王健林：施老师我看您面相挺老实的，没想到问问题还挺狠，不过既然这么问了，那当着学生的面我也回答。第一，万达没有背景。我来说说事情的真相，2009年7、8月，万达集团旗下的万达商业地产为了解决资金问题，搞了一轮股权私募，委托中国最大的银河证券和中金证券两家券商替我们寻找投资人，前前后后谈了七八十家公司，最后有十几家公司入股，其中就包括习主席的姐夫邓先生的秦川大地公司，他和建银国际、中国泛海、巨人集团等十几家公司同样价格进来，所以购买价格是市场化的。2009年入股后，由于中国政府政策限制的原因，万达商业地产公司迟迟没有上市，一直到2014年12月才在香港挂牌上市。但就在上市前两个月，邓先生把他的股份以比较低的价格转让了，其实他是牺牲了巨大利益。正常价格购买、又是正常公开上市，能够获得巨大利益而放弃，我想他应该是受到了某种影响或者压力，这件事恰恰证明了不是腐败，恰恰证明了习总书记治国严治家更严的风格。

王健林讲的事情我没有核对过。但我相信习近平总书记不仅从严治党，而且一定会从严治家。

七、以共产党人价值观建设为重点增强拒腐防变和抵御风险的能力

保持党的先进性和纯洁性，增强党的拒腐防变和抵御风险能力，是我们坚持全面从严治党，特别是坚持从严治吏的重要目的。实践告诉我们，要达到这一目的，除了要选好用好管理好干部，最根本的，是要解决改革开放和社会主义现代化建设时期共产党人的价值追求问题，加强党的价值观建设，特别是权力观建设。

（一）弘扬为民、务实、清廉的共产党人价值追求

历史证明，有没有正确而又坚定的价值追求，是一个政党能不能在复杂的环境中经受各种挑战和考验的关键。中国共产党 90 多年的历史证明，为人民服务、实事求是、艰苦奋斗这三大优良传统，是中国共产党克敌制胜的法宝，是中国共产党确保自身肌体免疫的抗体，是中国共产党始终不渝地追求和践行的核心价值观。今天，党中央提出的为民、务实、清廉的共产党人价值追求，就是为人民服务、实事求是、艰苦奋斗这三大优良传统在改革开放年代的转换和表现。

在长期的革命战争年代，中国共产党之所以能够在复杂的斗争环境下，前赴后继，越挫越勇，从小到大，从弱到强，不断发展壮大，就在于加入党的队伍中来的大多数是中华民族的精英，具有为共产主义奋斗终生的崇高理想和全心全意为人民服务的价值追求。新中国成立后，进入和平建设年代，一直到改革开放之初，在贫穷落后的环境中，共产党人能够坚持艰苦奋斗、自力更生，也在于当年党的绝大多数骨干保持了共产党人的光荣传统。随着改革开放取得的成就越来越大，中国经济步入快速发展的轨道，人民生活水平和质量也大幅上升，加上对外开放后各种各样西方的生活方式进入中国社会，党面临的考验是全新的，而此时此刻党最有信仰的一批老一辈革命家因为不可抗拒的自然原因都退出了领导岗位和历史舞台。一大批“文化大革命”后成长起来

的，甚至“文化大革命”后才出生的年轻共产党人，走上了各级领导岗位。他们在新的历史条件下怎么样保持和发扬党的优良传统，特别是怎么样在灯红酒绿的环境中保持和发扬共产党人的价值追求，就成为对党的极大考验。

事实上，在我们的党员和干部周围，各种价值观早已令人眼花缭乱，有西方的所谓“普世价值”，有明显封建专制色彩的权力至上价值观（包括庸俗的“有权不用，过期作废”观念），有小生产者的小恩小惠图小利的价值观，以及带有浓厚农业社会主义即民粹主义特点的平均主义价值观（包括仇富观念），等等。这些价值观或价值取向，对我们许多党员干部都有影响。这只要看一看那些腐败官员的堕落过程就可以清楚了。

因此，价值观建设是新时期党的建设新的伟大工程中的一项重大建设，也是全面从严治党的一项根本治理。习近平总书记曾经深刻地指出：“开展党的群众路线教育实践活动，就是要把为民务实清廉的价值追求深深植根于全党同志的思想和行动中，夯实党的执政基础，巩固党的执政地位，增强党的创造力凝聚力战斗力，使保持党的先进性和纯洁性、巩固党的执政基础和执政地位具有广泛、深厚、可靠的群众基础。”[①] 这里，他一方面阐明了群众路线教育实践活动的根本目的和根本要求是推进价值观建设，另一方面又明确指出了今天共产党人的价值追求应该是“为民、务实、清廉”。这是极有针对性，又极其重要的。

我们认为，为民、务实、清廉，既是中国共产党人历来坚持的核心价值观的体现，更是今天的时代和实践、党心和民心对党员和党的干部在价值观建设上的新要求。

---

① 《习近平谈治国理政》，368页。

首先，“为民、务实、清廉”是中国共产党人历来坚持的核心价值观的体现。我们都知道，中国共产党在90多年的发展中，形成了许多光荣的传统。我们今天应该大力弘扬和继承的光荣传统，一是为人民服务，二是实事求是，三是艰苦奋斗。这是中国共产党在长期实践中形成的最可宝贵的精神财富，也可以说是在长期的革命、建设和改革实践中形成的中国共产党人的核心价值观。今天，我们在群众路线教育实践活动中提出的“为民、务实、清廉”，就是为人民服务、实事求是、艰苦奋斗这一中国共产党人的核心价值观的体现。

其次，“为民、务实、清廉”是今天的时代和实践、党心和民心对党员和党的干部在价值观建设上的新要求。

为民，是中国共产党人的核心价值观，是群众路线的出发点和落脚点，更是新的历史方位对执政党提出的新要求。

今天，我们党已经发展成为拥有8 000多万党员的大党，新党员的数量大幅增加，干部队伍整体性新老交替已经完成，一大批年轻干部走上了领导岗位。这是党有生机和活力、后继有人的重要标志；同时，党在全国范围执政以来，党的队伍不可能像战争年代那样经受那么多的血和火的考验，党怎么样把自己在长期斗争中形成的优良传统和作风一代又一代地传承下去，已经成为党的建设面临的一大课题。事实上，在我们的党员和干部队伍中，一些人入党前表现很好，入党后放松自我要求，逐渐同党离心离德，甚至违法乱纪走向腐败；一些人缺少长期党性锻炼，在关键时刻东摇西摆，有的还进入了党的干部队伍；一些人没有实际能力而只会夸夸其谈，甚至擅长阿谀奉承，有的也进入了党的干部队伍；一些人带着私利到党内来捞好处，进入了党的队伍甚至平步青云成为党的干部；这几年还出现了用金钱“买党票”“买官”

等现象，给党的队伍包括干部队伍的纯洁性带来了更大的威胁。应该讲，党所处的历史方位变化是“外因”，党的队伍发生的变化是“内因”。“外因”通过这样的“内因”，使党发生了两个方面的变化：一方面，使党的队伍不断壮大、活力不断增强，这是主流；另一方面，党风问题日益突出、消极腐败现象不断滋生蔓延，使一些党员干部越来越脱离群众，如前文已经说过的，有的从“社会公仆”变为“社会主人”（官僚），有的从“社会公仆”变为某些利益集团和家属、亲朋好友或情人的“私仆”，走向党和群众的反面。对于这些问题，我们决不能掉以轻心。

话又说回来，上述情况在党内还只是个别的，我们绝大多数党员干部是好的和比较好的。我们在这个问题上，必须有两个方面的“清醒”：一方面，清醒地看到党面临的考验和存在的问题十分严峻；另一方面，清醒地看到党的主流是好的，绝大多数党员干部是好的和比较好的。否则，无法解释我国的改革开放为什么会取得那么大的成就，为什么我国不只是个别地方而是全国各地都发生了那么大的变化。但同时我们也应该看到，对于极大多数好的和比较好的党员干部来说，我们在价值观建设问题上也有一些问题要解决。比如，我们有的干部不经意地把当干部看作“做官”，接受所谓“父母官”的称谓；比如我们有的干部想不通，我给当地经济社会发展带来了那么大的变化，你们为什么还不满意；有的干部感到很委屈，我为改变当地落后面貌，千方百计引进一些大项目，群众为什么还要闹事；等等。从中我们可以注意到两个问题，就是这些同志一没有摆准自己与群众的位置，实际上是把自己看作站在群众头上可以发号施令的“官老爷”，或者是群众的“救世主”；二没有全面掌握我们党科学决策和民主决策相结合的领导方法，没有认识到要使我们的决策为群众所理解必须先让群众了解，让群众享有知情权、参与权、表达权、监督权。究其原因，就是没有很好地坚持由群众观点和群众工作方法结合在一起的群众路线。

因此，我们今天说要加强群众路线教育和价值观建设，首先要从我们面临的新情况出发，进行党的根本宗旨和共产党人价值观教育，使全党更好地树立“为民”意识，努力加强和改进新形势下的群众工作。

务实，既是党的思想路线和群众路线的本质特征，也是我们党历来倡导的做老实人、说老实话、做老实事的价值追求，因而是在新的历史条件下改进党风的重要任务。

在长期的革命实践中，以毛泽东为主要代表的中国共产党人不仅提出了一切为了群众、一切依靠群众，从群众中来、到群众中去的群众路线，而且形成了关于群众路线的科学理论。毛泽东强调，群众路线是马克思主义认识路线在领导工作中的运用。毛泽东说：“将群众的意见（分散的无系统的意见）集中起来（经过研究，化为集中的系统的意见），又到群众中去作宣传解释，化为群众的意见，使群众坚持下去，见之于行动，并在群众行动中考验这些意见是否正确。然后再从群众中集中起来，再到群众中坚持下去。如此无限循环，一次比一次地更正确、更生动、更丰富。这就是马克思主义的认识论。”① 毛泽东把党的群众路线定性为“马克思主义的认识论”，从根本上阐明了为人民服务、群众路线与实事求是思想路线的关系及其“务实”本质。

今天，党中央强调“务实”，首先是为了下大力气解决思想不纯的问题，破除在新的历史条件下出现和蔓延开来的形式主义、

---

① 《毛泽东选集》，2版，第3卷，899页。

官僚主义、享乐主义和奢靡之风。我们党在坚持实事求是思想路线的时候，历来重视要反对主观主义。但在各个历史阶段，主观主义有不同的形态，今天主要表现为形式主义。邓小平在南方谈话中就已经提出这个问题。大话、空话、官话、套话，是形式主义的一种表现形式；说一套做一套，当面一套背后一套，是形式主义的一种表现形式；做表面文章，搞形象工程、政绩工程，是形式主义的一种表现形式。与形式主义相联系的，还有官僚主义、享乐主义和奢靡之风诸等问题。诸如此类官场陋习，说实在的，在我们这个以实事求是为思想路线的党内出现和蔓延，是非常令人痛心的事，我们不得不从思想深处检讨起，形成务实的风尚。

今天，党中央强调"务实"，同时是为了下大力气解决组织不纯的问题，克服选人用人中存在的问题。形式主义的蔓延，同我们选人用人包括在干部考核指标上喜欢任用那些搞形式主义的人有关。我们常说"上有好者，下必有甚焉者矣"。如果我们在选拔干部、使用干部的问题上，喜欢任用那些搞形式主义的人，势必会产生这样的官场陋习。因此，坚持务实也要在组织工作、干部工作问题方面进行深刻的检讨，形成老实人不吃亏、投机钻营者不得利的务实之风，让所有的优秀干部都能为党和人民贡献力量。

今天，党中央强调"务实"，更是为了下大力气解决政治不纯的问题，坚持从社会主义初级阶段的基本国情出发，坚定不移走中国特色社会主义道路。这几年，我们有些地方有些部门在工作中经常提出一些不切实际的口号和目标，把群众的胃口吊高了，造成了许多新的矛盾。因此，十八大强调要牢记中国特色社会主义的"总依据"，认识到我国社会主义初级阶段的基本国情没有变、社会主要矛盾没有变、发展中国家的国际地位没有变，要坚定不移沿着中国特色社会主义道路前进。也就是说，坚持务实，就是要从社会主义初级阶段的基本国情出发，坚持以经济建设为中心解决社会建设以及其他各方面建设问题，而不能改变这个“中心”；坚持以发展为基础逐步解决公平问题，而不能离开发展搞所谓“公平领先”的“道路”；坚持走中国特色社会主义政治发展道路，而不能离开中国历史和现实搞什么多党制、两院制那一套。这是务实，也是遵守党的政治纪律。

清廉，是共产党人的价值追求，更是在新的考验面前党坚持走群众路线要解决的紧迫课题。

过去，我们讲群众路线，主要讲的是世界观、方法论和认识论，这次提出的“清廉”问题是一个道德观、价值观的问题。这是对群众路线理论的一个发展。那么，为什么要把干部的道德观、价值观问题纳入群众路线的主要教育内容呢？这是因为，在“从群众中来”与“到群众中去”之间，干部既要将群众的意见集中起来，又要将根据群众意见作出的决策在群众中贯彻下去。由此决定了干部的素质、能力和作风在贯彻群众路线过程中具有重要的作用，由此也决定了干部的道德、品行、操守和价值取向在贯彻群众路线过程中具有特殊的作用。事实上，我们在贯彻群众路线的过程中，群众工作做得不得力，不仅是因为我们有些干部能力不强、方法不对头，还因为有些干部人格低下、人品庸俗，甚至守不住基本的道德操守，在群众中没有权威性和号召力。

我们注意到，党的十八大在论述党的思想建设时，就已经强调不仅要抓好理论武装，而且要抓好党性修养和道德建设，强调“抓好道德建设这个基础，教育引导党员、干部模范践行社会主义荣辱观，讲党性、重品行、作表率，做社会主义道德的示范者、诚信风尚的引领者、公平正义的维护者，以实际行动彰显共产党人的人格力量”[①]。这就告诉我们，抓干部教育，不仅要抓理论学习，还要把干部学到的理论知识转化为理论素养，进一步把理论素养转化为党性，转化为德性。一个只会夸夸其谈大道理而缺乏素养、党性、德性的人，不可能成为真正的中国特色社会主义的信奉者，也不可能成为可靠的群众路线的执行者。

当前，在干部的道德建设和价值观建设中，尤其要加强反腐倡廉教育和廉政文化建设，做到干部清正、政府清廉、政治清明。正如习近平总书记所说的：“为政清廉才能取信于民，秉公用权才能赢得人心。”[②] 剖析一些地方脱离群众而发生的群体性案例，往往同那里有些干部为政不清廉直接相关，甚至有腐败干部在其中作祟。我们过去研究群众路线理论也好，开展群众路线教育也好，都偏重从认识论和方法论角度开展研究和宣传，现在应从新的实践出发，把共产党人的道德观包括廉政意识教育纳入其中。只有这样，才能使党的干部队伍健康成长，使党经受各种考验，永葆青春的生机和活力。

由此可见，十八大强调的“为民、务实、清廉”，不仅是我们坚持党的群众路线提出的新要求，更体现了今天的时代和实践、党心和民心对我们党应该坚持什么样的共产党人核心价值观的新要求。

（二） “圈子文化” 不是共产党人的文化

以习近平同志为总书记的党中央强调要弘扬“为民、务实、清廉”的共产党人价值追求，有一个很明确的针对性，就是这几

---

① 胡锦涛：《坚定不移沿着中国特色社会主义道路前进　为全面建成小康社会而奋斗》，50页。

② 《习近平谈治国理政》，385页。

年形成了一种被称为“圈子文化”的东西。这是党中央强调要坚持全面从严治党、深入开展反腐败斗争要解决的一个重大问题。

习近平总书记2014年1月14日在第十八届中央纪律检查委员会第三次全体会议上，分析党内的腐败现象时，深刻地指出，有的干部信奉拉帮结派的“圈子文化”，整天琢磨拉关系、找门路，分析某某是谁的人，某某是谁提拔的，该同谁搞搞关系、套套近乎，看看能抱上谁的大腿。联系这次反腐败斗争揭露的大量事实，同时联系我们身边发生的一系列问题，总书记提出的问题尽管触目惊心，但都是不容否认的事实。他揭示了圈子文化是党内政治生活不正常情况下滋生的一种极坏的风气。我们必须明确地指出，圈子文化不是共产党人的文化，必须痛加鞭挞，坚决抵制。

圈子文化，简单地说，就是拉帮结派的帮派文化。这种文化，具有依附性、投机性、帮派性、贪婪性的特点，是一种具有浓厚封建主义色彩的腐朽文化。

依附性，是圈子文化最基本的特点。习近平总书记在对圈子文化进行剖析的时候，明确指出：需要注意的是，不能把党组织等同于领导干部个人，对党尽忠不是对领导干部个人尽忠，党内不能搞人身依附关系。干部都是党的干部，不是哪个人的家臣。家长制，人身依附，唯命是从，没有人格的独立，是封建主义以及与此相联系的小生产意识在人际关系上的典型特征。在这次反腐败斗争揭露出来的那些触目惊心的案件中，有的身居高位的领导干部，他们选人用人，一切以能否给自己尽忠为标准，竭力豢养自己的家丁，网罗自己的权力圈子。这种圈子文化，不仅是共产党人坚决反对的，也是和民主主义根本对立的。但是，这种极其落后、反动、腐朽的东西，竟然沉渣泛起，在我们党的干部队伍中滋生蔓延，不能不引起我们警惕。

投机性，是圈子文化的生成性特点。在今天，为什么会出现这种和历史车轮、时代大潮格格不入的坏风气？这和官本位下的投机性、谋人不谋事，有着密不可分的关系。正如习近平总书记尖锐地指出的，我们有些干部“整天琢磨拉关系、找门路，分析某某是谁的人，某某是谁提拔的，该同谁搞搞关系、套套近乎，看看能抱上谁的大腿”。而且有的人，今天看这个领导有权势，有上升的势头，就抱这个领导的大腿，明天看那个领导有希望，有奔头，又抱那个领导的大腿，甚至不惜背弃前一个曾经拉过关系并对他很信任的领导。这种投机性，不仅推动了“圈子”的生成，而且玷污了共产党人应有的先进性和纯洁性，严重败坏了党的形象和风气。

帮派性，是圈子文化的总体特点。这里讲的“圈子”，不是我们工作中正常的工作圈子或生活中正常的朋友圈子，而是具有上述人身依附性和政治投机性的帮派圈子。同时，这种帮派圈子也和我们党的历史上出现过的宗派主义、山头主义不完全一样。我们党的历史上，由于武装斗争是在各个山头发动起来的，加上农民阶级、小资产阶级狭隘思想的影响，出现过和共产党人的党性对立的宗派主义、山头主义。因此，我们党对它们的政策是，承认山头，照顾山头，但决不能搞山头主义。在延安整风中，对这种宗派主义和主观主义、党八股一起进行了整顿。现在这种帮派圈子，甚至和历史上的“朋党”也有区别。宋代欧阳修曾经作过《朋党论》，说：“臣闻朋党之说，自古有之，惟幸人君辨其君子小人而已。大凡君子与君子以同道为朋，小人与小人以同利为朋，此自然之理也。”[①] 他以“同道”和“同利”为界限，把“朋党”

---

① 《朋党论》选自《四部丛刊·欧阳文忠公文集》，是北宋著名文学家欧阳修在 1044 年（庆历四年）向宋仁宗上的一篇奏章，分析了什么是朋党。此文被评为是欧阳修最好的文章之一，也是“文起八代之衰”的古文运动中最好的文章之一。

分为“君子之朋”和“小人之朋”。尽管欧阳修这样说是为自己做辩解，但也有一定道理。我们现在的腐败案件中暴露出来的那些帮派圈子，纯粹是以党和人民赋予的公权力为自己谋私利，充其量只能是“小人之朋”的“朋党”。对于这样的帮派圈子文化，我们只能采取零忍耐的态度，而不能姑息养奸。

贪婪性，是圈子文化的劣根性特点。如前所说，在这次反腐败斗争中揭露出来的帮派圈子，无论搞人身依附，还是搞政治投机、结党营私，都贯穿着一个“贪”字。人们常常用“巨贪”“贪得无厌”“贪赃枉法”来形容他们。这种贪婪性，决定了他们不管有多高的地位、多大的权力，最终必将自绝于党和人民，受到党的纪律和国家法律的严惩。

我国新民主主义革命胜利已经近 70 年，社会主义制度建立也近 60 年，为什么这种具有浓厚封建主义色彩的帮派圈子还会在我国滋生和蔓延？圈子文化的根源在何处？这是需要深入思考的。

多年来，我们党对于自己在新的历史条件下面临的考验和风险，是十分清醒的。比如，十八大报告就指出，新形势下，党面临的执政考验、改革开放考验、市场经济考验、外部环境考验是长期的、复杂的、严峻的，精神懈怠危险、能力不足危险、脱离群众危险、消极腐败危险更加尖锐地摆在全党面前。对于这样的警告，尽管一些人视而不见、听而不闻，但它是躲不开、避不了的。其中，执政的考验，腐败的危险，尤为严峻。这是因为，权力具有两面性，既可以用来为人民服务，又会诱使掌握权力的人利欲熏心、以权谋私。我们党要长期执政，就要长期应对这种考验。

在对内改革、对外开放的环境下，特别是在建立社会主义市场经济的进程中，这种考验尤为突出和尖锐。因为，我们不像世界上许多国家那样是从自然经济发展到市场经济的，而是从计划经济转型到市场经济的，即是通过政府放权让利一步一步扩展市场因素的，因此经历了双轨制阶段、政府与企业共同开发市场阶段等一系列许多国家所没有的特殊发展阶段，这就形成了权力与利益多重契合的复杂局面，形成了寻租的广大空间。在这样的市场经济形成和发展过程中，不是商品的权力竟然也被一些人用于商品交换，不仅扭曲了社会主义市场经济，而且导致以权谋私的腐败现象频发高发，甚至被一些权欲熏心的人用于扩展其小圈子。

之所以在权力和市场的扭曲运用中会导致圈子文化，更重要的，是因为我国是一个具有悠久封建主义传统的国家。经过新民主主义革命，我国从政治上、土地制度和生产关系上荡涤了封建主义，但是这种思想文化影响并未因此而完全绝迹。“文化大革命”的教训，我们记忆犹新。在拨乱反正和改革开放之初，邓小平和许多老一辈革命家都告诫过不要轻视封建主义的影响。我们要反对资产阶级自由化的干扰，也要警惕封建主义的影响。这在党的思想政治建设中，尤其要重视。比如邓小平在 1980 年 12 月 25 日明确指出：“要继续批判和反对封建主义在党内外思想政治方面的种种残余影响，并继续制定和完善各种符合于社会主义原则的制度和法律来清除这些影响。”① 他还在 1985 年 9 月 23 日党的全国代表会议上深刻地指出：“我们为社会主义奋斗，不但是因为社会主义有条件比资本主义更快地发展生产力，而且因为只有社会主义才能消除资本主义和其他剥削制度所必然产生的种种贪婪、腐败和不公正现象。这几年生产是上去了，但是资本主义和封建主义的流毒还没有减少到可能的最低限度，甚至解放后绝迹已久的一些坏事也在复活。我们再不下大的决心迅速改变这种情况，

① 《邓小平文选》，2 版，第 2 卷，368 页。

社会主义的优越性怎么能全面地发挥出来？我们又怎么能充分有效地教育我们的人民和后代？不加强精神文明的建设，物质文明的建设也要受破坏，走弯路。”[①] 应该讲，在邓小平这些思想的引领下，我们在精神文明建设中做了大量的工作，进步是明显的。今天，重温邓小平的这些论述，使我们进一步认识到清除封建主义残余和反对资产阶级自由化一样，是一项长期的任务，决不能掉以轻心；同时，也使我们认识到，在今天之所以会出现如此严重的圈子文化，不是偶然的，抵制和反对源于封建主义的圈子文化也是一项长期的思想政治任务。

既然我们同这种圈子文化的斗争是长期的，就要找到长治久安的办法。

首先，要抓价值观建设。圈子文化，本身就是一种极端利己的维护帮派私利的价值观。我们讲圈子文化不是共产党人的文化，也是从价值观上讲的。共产党人的文化，内核就是为民、务实、清廉的价值取向，就是由革命战争年代形成的为人民服务、实事求是、艰苦奋斗的共产党优秀文化传统。这种共产党人的文化，同圈子文化是根本对立的，同时又是克服圈子文化的有力武器。我们共产党人，既要成为全社会弘扬和践行社会主义核心价值观的模范，又要弘扬和践行共产党人特有的优良传统和价值观。只有这样，才能真正做到不搞小圈子，不走腐败路，始终坚持立党为公、执政为民。

其次，要抓阳光制度建设。圈子文化的滋生和蔓延，极大地破坏了党的各项制度。圈子里的人，不论是大官，还是跟屁虫，总是把宗旨、党章、准则、纪律看作一纸空文。他们最擅长的是

---

① 《邓小平文选》，1版，第3卷，143～144页。

搞暗箱操作、幕后操纵。他们即使讲制度，也是为了套住别人的手脚、限制别人的行动。因此，习近平总书记不仅强调制度问题更带有根本性、全局性、稳定性、长期性，而且还突出地强调，关键是要健全权力运行制约和监督体系，让人民监督权力，让权力在阳光下运行，把权力关进制度的笼子里。同时，他还指出，要加强对典型案例的剖析，深化腐败问题多发领域和环节的改革，最大限度减少体制缺陷和制度漏洞，通过深化改革不断铲除腐败现象滋生蔓延的土壤。同样的道理，解决圈子文化，也要把建立阳光制度作为一个重要的抓手。

再次，要抓法治建设。圈子文化，在某种意义上，是无法无天文化。治理国家，要靠法治；治理党，要靠法治；治理党和国家的干部队伍，还是要靠法治。用法治管圈子，才是正道。以习近平同志为总书记的党中央在提出全面建成小康社会、全面深化改革、全面从严治党的同时，提出了全面依法治国。这一整套战略布局，把法治和发展、改革、治党联系起来、结合起来，是为了找到一个治本之策、长治久安之道。我们可以设想一下，只要我们在全面推进依法治国中把我国建成了一个社会主义法治国家，封建主义就没有了滋生的土壤，圈子文化就失去了蔓延的空间。因此，认真贯彻十八大和十八届三中、四中全会精神，由党的高级干部带头，各级领导干部身体力行抓法治，有针对性地抓，坚持不懈地抓，一定能抓出一个风正气清的党建新局面。

（三）关键在树立“权为民所赋、权为民所用”的共产党人权力观

我们已经认识到，在今天的时代条件下弘扬共产党人为民、

务实、清廉的价值追求，有一个极大的问题，即我们党是执政党，我们的干部手中握有大权，因此必须树立正确的权利观，并把权力观教育纳入价值观建设之中。怎么能够做到这一点呢？这是需要认真思考和深入研究的课题。

党中央强调干部要“为民、务实、清廉”，是注意到我们有些领导干部，特别是那些贪图私利和情色享乐的领导干部，总是把争权谋位作为做官之道，不仅把权力大小看作身价地位高低的象征，而且把权力视作谋私利、填私欲的工具。因此，“为民、务实、清廉”问题的核心是一个“权”的问题，即怎么认识权、怎么使用权的问题。对于“权”的问题，我们党历来讲两句话：一句是“权为民所赋”，另一句是“权为民所用”。这就是共产党人的权力观。有了这个以民为本的历史唯物主义权力观，就能够在掌权用权的过程中事事处处想到人民群众的需求和疾苦，就能够在工作中和生活中始终保持艰苦奋斗的精神，恪守清正廉洁的作风。

展开地说，就是要在历史唯物主义的权力观指导下，以共产党人的党性原则处理好权与利、欲、情的关系。

首先，要处理好权力和私利、私欲的关系。世界上，任何一种权力的背后都有一个利益问题。权力以利益为基础，为利益服务。工人阶级政党和资产阶级政党的区别，不在于谋不谋利益，而在于为谁谋利益。工人阶级政党没有自己的特殊利益，他所做的一切都是为了工人阶级和广大人民的根本利益，为了全人类的共同利益。其他阶级的政党则不然，他们在口头上讲得很漂亮，实际上都是为自己谋私利。因此，共产党的干部决不能谋私利，没有权的时候不谋私利，有了权也不能谋私利。而腐败分子的共同特点，则是把人民赋予他们的公共权力为自己获取私利、满足私欲服务，把金钱、物欲、情欲看得高于一切的东西，所以他们理所当然要受到党的纪律的惩处，为党所淘汰。习近平总书记说过，共产党员永远是劳动人民的普通一员，除了法律和政策规定范围内的个人利益和工作职权以外，所有共产党员都不得谋求任何私利和特权。这个问题不仅是党风廉政建设的重要内容，而且是涉及党和国家能不能永葆生机活力的大问题。要采取得力措施，坚决反对和克服特权思想、特权现象。他还说过，各级领导干部都要牢记，任何人都没有法律之外的绝对权力，任何人行使权力都必须为人民服务、对人民负责并自觉接受人民监督。要加强对一把手的监督，认真执行民主集中制，健全施政行为公开制度，保证领导干部做到位高不擅权、权重不谋私。因此，我们要加强对权力运行的制约和监督，把权力关进制度的笼子里。党的十八届四中全会提出全面推进依法治国，建设社会主义法治国家，就是为了在宪法和法律的阳光下，切实加强对权力的制约和监督，使得我们的干部能够始终保持艰苦奋斗的精神，恪守清正廉洁的作风。

同时，要处理好权力和亲情、友情的关系。研究干部的腐败现象，可以发现，在同样的环境里和岗位上，个别干部腐败了，这肯定与他们自身的素质有关；而在同样的环境里和岗位上，出现“前腐后继”的现象，这里就一定有体制或机制的原因。需要进一步注意的是，在腐败现象不断滋生蔓延过程中，不仅仅有干部的素质问题，有体制或机制的问题，还有一个更为令人担忧的问题，即文化问题。在中国，腐败滋生的土壤，除了过于集中而不受监督的权力，还有以重关系为特点的中国传统的人情文化，影响很大。我们的传统文化有精华，也有糟粕，要做辩证的分析。一些干部，在处理公事的时候，遇到陌生人他会讲原则，公事公办，但当人们通过各种关系找到这些干部的妻子、儿女和其他亲戚，或者找到这些干部的“哥们”朋友，他们就会在“亲情”“友情”面前违背党性、丧失原则，滥用权力、为他人谋利。干部是人，有人情，有亲情，有友情，这不是坏事。那些没有人情味的干部，尤其是对人民群众没有人情味的干部，不可能成为勤勤恳恳为人民服务的好干部。但是，决不能在亲情、友情面前放弃原则立场，这是共产党人的党性所要求的；以人民赋予的权力为亲朋好友谋私利，这是党的纪律所禁止的。处理问题被以人情为纽带的关系网所左右，是当今官场中见怪不怪的现象。这就是这种不好的人情文化、关系文化在作祟。至于被媒体广为关注的干部为“情人”谋私利的问题，其中虽然也有“情”的因素，但严格地讲这不属于这里所讲的“亲情”“友情”问题即以“情”为纽带为他人办事的问题，而是我们在前面所说的“私欲”问题，即以公权力来填满私欲、以权谋私的问题。因此，拒腐防变不仅要加强纪律检查和惩治腐败者，更重要的是要铲除腐败滋生蔓延的文化土壤。正是在这个意义上，我们格外强调要倡导历史唯物主义的权力观，保持艰苦奋斗优良传统，建设廉政文化，恪守为民、务实、清廉的好作风。

总之，从严治党不仅要治理党内各种不正之风和腐败现象，更要治理党员干部灵魂深处的世界观、人生观、价值观特别是权力观。在今天的时代条件下，作为执政党，更要从党所面临的长期执政的考验和改革开放的考验这样多重考验的实际出发，坚持历史唯物主义的权力观，谱写一篇新时期共产党人长期保持和坚守为民、务实、清廉的价值取向的好文章。

八、在深化政治体制改革中提高党的执政能力

对于执政的中国共产党来说，坚持从严治党，不仅要弘扬共产党人的价值取向，增强拒腐防变和抵御风险的能力，而且要能够更好地提高党的执政能力，为人民执好政、掌好权。而要达到这样的目标，就要深入学习以习近平同志为总书记的党中央的治国理政思想，深化政治体制改革，包括推进党的领导制度改革、民主政治制度改革和法治中国建设，探索符合中国实际的民主政治体制和法治国家实现形式。这样做，既抓住了党这个“关键”，又“办好”了“中国的事情”。

（一）从《习近平谈治国理政》学习中国共产党的治国理政思想

坚持全面从严治党，一个重要的任务和目标，就是要增强党在复杂环境和形势下治国理政的能力，也就是党的领导和执政能力。

《习近平谈治国理政》是习近平同志担任党和国家领导人后出版的第一部著作。这部著作比较全面地体现了当今时代背景下中国特色社会主义理论创新的最新成果，成为我们研究以习近平同志为总书记的党中央治国理政思想的重要文本。

《习近平谈治国理政》收入的79篇著作，包括2012年11月15日至2014年6月13日这段时间内习近平同志的重要讲话、谈话、演讲、答问、批示、贺信等。由于这部著作是外文出版社出版的，即主要是向外国朋友介绍中国的基本国策，因此全书针对国际社会对当代中国的关注点，围绕“治国理政”这个主题，谈了18个问题。这就是：(1) 坚持和发展中国特色社会主义；(2) 实现中华民族伟大复兴的中国梦；(3) 全面深化改革；(4) 促进经济持续健康发展；(5) 建设法治国家；(6) 建设社会主义文化强国；(7) 推进社会事业和社会管理改革发展；(8) 建设生态文明；(9) 推进国防和军队现代化；(10) 丰富“一国两制”实践和推进祖国统一；(11) 走和平发展道路；(12) 推动构建新型大国关系；(13) 做好周边外交工作；(14) 加强与发展中国家团结合作；(15) 积极参与多边事务；(16) 密切党同人民群众联系；(17) 推进反腐倡廉建设；(18) 提高党的领导水平。

仔细研究这 18 个问题，第 1 个问题讲的是方向道路；第 2 个问题讲的是目标；第 3 个问题讲的是实现目标的动力；第 4 个到第 8 个问题讲的是“五位一体”的中国特色社会主义事业的总布局；第 9 个、第 10 个问题讲的是国家强盛的两大问题，国防和祖国完全统一；第 11 个到第 15 个问题讲的是外交，是中国和平发展道路；第 16 个到第 18 个问题讲的是党的领导和执政党建设。也就是说，习近平总书记治国理政思想包括国家发展方向、目标、动力、总布局、国防和祖国统一、外交、党的领导和建设等主要内容。这是一个具有丰富内容并有内在逻辑的理论体系。

我们在学习和把握这一治国理政思想的时候，重点要学习和把握五个要点：(1) 坚持中国特色社会主义这一治国理政的根本方向；(2) 坚持“两个一百年”和中国梦的奋斗目标；(3) 坚持“四个全面”战略布局；(4) 坚持经济、政治、文化、社会、生态文明“五位一体”全面发展的中国特色社会主义事业总布局；(5) 坚持走中国和平发展道路，为国家强盛创造良好的国际环境。

联系今天的社会实践和时代大潮学习《习近平谈治国理政》，我们体会到，这部著作所体现的党中央的治国理政思想，不仅具有丰富的内容，而且具有八个显著特点。

一是，以人民为主体。在习近平当选总书记后第一次同记者见面时发表的重要讲话中，就提出：“人民对美好生活的向往，就是我们的奋斗目标。”[①] 在这之前，在党的十八大报告中第一次概括的“夺取中国特色社会主义新胜利”的基本要求中，第一条就

① 《习近平谈治国理政》，4 页。

强调“坚持人民主体地位”[①]。在党的十八届五中全会提出的制定“十三五”规划的建议中，“坚持人民主体地位”[②] 也是必须遵循的第一条原则。由此可见，“以人民为主体”是习近平总书记治国理政的基本原则，是他在治国理政中处理各种复杂问题的出发点和落脚点。这一原则不是一句空话，而是有着具体内容和要求的重要思想，包括要“把群众路线贯彻到治国理政全部活动之中”[③]，坚决克服脱离群众的形式主义、官僚主义、享乐主义、奢靡之风；包括“必须充分发挥工人阶级的主力军作用”[④]，“必须紧紧依靠工人阶级发展中国特色社会主义”[⑤]；也包括要“重视青年、关怀青年、信任青年，对青年一代寄予殷切期望”[⑥]；等等。

二是，实干兴邦。务实，是习近平总书记的从政特点。无论是他在福建工作时出版的《摆脱贫困》，还是他在浙江工作时写下的《之江新语》中，都可以看到这一鲜明特点。在他担任党的总书记和国家主席后，这一思想作风和工作作风就成为他治国理政的风格和特点。特别是，在他提出为实现民族复兴的“中国梦”而奋斗的理想追求时，以非常明确的语言告诫我们：“空谈误国，实干兴邦。”[⑦] 他在同全国劳动模范代表座谈时，再次强调：“幸福不会从天而降”[⑧]，“实干才能梦想成真”[⑨]。如果说这些论述反映了他的思想，那么十八大以来他的行动则更进一步体现了他实干的治国理政风格。党的十八大至今不到三年时间，他带领我们脚踏

---

① 胡锦涛：《坚定不移沿着中国特色社会主义道路前进　为全面建成小康社会而奋斗》，14 页。

② 《中共中央关于制定国民经济和社会发展第十三个五年规划的建议》，载《人民日报》，2015－11－04。

③ 《习近平谈治国理政》，27 页。

④⑤ 同上书，45 页。

⑥ 同上书，50 页。

⑦ 同上书，36 页。

⑧⑨ 同上书，44 页。

实地地迈出了五大步：第一步，在十八大确定了全面建成小康社会和全面深化改革开放的目标；第二步，在大量调查研究基础上进行决策，并通过十八届三中、四中全会制定全面深化改革和全面推进依法治国的目标任务和路线图；第三步，在两次中央全会后立刻给各部委分解任务，形成落实意见；第四步，制定落实改革每一项任务的实施意见，一项一项抓落实；第五步，以创新、协调、绿色、开放、共享发展的新理念提出编制“十三五”规划纲要。因此，这几年，无论是改革，还是反腐败，习近平总书记都是雷厉风行地抓，踏踏实实地干，这是大家有目共睹的事实。

三是，战略目标和战略举措相协调。为实现十八大提出的战略目标，以习近平同志为总书记的党中央采取了一系列重大步骤：其一是思想先行，统一全党和全国人民思想。先是从高层做起，一面把全党全国人民的思想和行动统一到中国特色社会主义上来，一面把各级干部的行为规范到“八项规定”精神上来；接着，把十八大提出的“两个一百年”的战略目标和中华民族伟大复兴的历史追求联系起来，提出了为中国梦而奋斗的宏伟理念，极大地激发了全国上下为国家富强、民族振兴、人民幸福而奋斗的热情。其二是秉持“治国必先治党，治党务必从严”的要求，大力整顿党的作风和干部队伍。党中央认真地而不是走过场地在县处级以上开展群众路线教育实践活动，雷厉风行地而不是姑息迁就地进行反腐败斗争，形成了全面从严治党的治党格局和治党思路。其三是在处理内政外交国防和治党治国治军各种复杂问题时，高瞻远瞩、驾驭全局，条分缕析、精心谋划，作出了一系列重要决策。特别是制定和通过了“全面深化改革”和“全面依法治国”两个纲领性文件。在这样的实践基础上，2014 年 12 月 14 日，习近平总书记在江苏考察调研时提出了全面建成小康社会、全面深化改革、全面推进依法治国、全面从严治党这“四个全面”，并在 2015 年 2 月 2 日中央党校举办的省部级主要领导干部专题研讨班上把这“四个全面”定位为党中央的“战略布局”。他指出，这“四个全面”每一个“全面”都有重大战略意义，应该相辅相成、相互促进、相得益彰，协调推进；同时，他强调“全面建成小康社会是我们的战略目标，全面深化改革、全面依法治国、全面从严治党是三大战略举措”，即这“四个全面”战略布局，是战略目标和战略举措相协调的治国理政战略布局。“战略目标”和“战略举措”不能等量齐观。我们全面深化改革也好，全面推进依法治国也好，全面从严治党也好，都是为了全面建成小康社会。

四是，经济新常态和创新驱动相互促进。在中国这样一个发展中国家治国理政，必须始终坚持以经济建设为中心。经过改革开放 30 多年快速发展，我国经济结构和增长方式进入了周期性的调整阶段，它和国际金融危机相叠加，使得我国经济遇到了极大的下行压力。习近平同志作出了“经济新常态”这一大判断，强调要通过深化改革调结构、稳增长、保民生。与此同时，他经过深入的调研和思考，认为要推动经济持续健康发展，关键在创新。他把创新驱动放在突出位置，提出要用创新驱动取代要素驱动的新思路，把“互联网＋”看作创新、创业的无限空间，明确要以同现代化、信息化相联系的创新、创业来破解经济新常态下我国经济发展遇到的各种复杂问题。诸如此类决策和举措，也应该是习近平总书记治国理政思想中重要的组成部分。

五是，制度现代化和人的能力现代化相结合。在社会主义建设问题上，过去我们强调人的因素是决定性因素；后来提出制度是根本的。在对历史经验总结的基础上，我们进一步认识到，国家建设和治理应该把制度的因素和人的因素结合起来。在习近平总书记主持制定的全面深化改革纲领中，我们强调的制度现代化目标，包括既要推进“国家治理体系现代化”，又要推进“治理能力现代化”。因为，如果只有制度的变革，而没有人的能力的提升，制度的完善和发展、治理体系的现代化都有可能成为一纸空文，所以，我们要把国家治理体系现代化与国家治理能力现代化统一起来推进。事实上，在习近平总书记的治国理政思想中，始终是把制度现代化与人的现代化包括人的素质、能力和价值观建设结合起来推进的。这是一个亮点。

六是，治国、治党、治军相辅相成。在治国与治党的关系上，习近平总书记秉持的理念是“治国必先治党，治党务必从严”。在治党问题上，敢于下“先手棋”，形成强大的震慑力，是习近平总书记治国理政思想的一大特点。抓住了从严治党这个关键，治军的问题也就迎刃而解。由于我们是共产党一党长期执政的国家，国家政权机关也好，军队也好，都是在党的领导下，并由党员干部掌权的，治党是治国、治军的“牛鼻子”。十八大以来，党中央在党的建设问题上，一手抓思想作风建设，包括开展群众路线教育实践活动和“三严三实”教育，一手抓反腐败斗争，“老虎”“苍蝇”一起打，周永康、徐才厚、郭伯雄、令计划、苏荣等一批“大老虎”落网，整肃了党风党纪，使党在人民群众中树立起了崭新的好形象。由于治国、治党、治军相辅相成，在从严治党、从严治军中重建国家健康的政治生态取得了明显的进展。

七是，在优秀传统文化和现代化思想相融合中培育全社会核心价值观。党的问题、军队问题，和社会问题相联系。社会问题，最为深刻的，是价值观问题。在今天的改革开放年代，固守不合时宜的传统文化和传统价值观，没有出路；纵容不合国情的西方价值观，也不是活路。弘扬中华优秀传统文化，学习反映时代进步潮流的现代化思想，并把两者有机地结合起来，培育和践行社会主义核心价值观，才是中华文明复兴的希望所在。习近平总书记在党的十八大后反复强调，在国家层面要倡导富强、民主、文明、和谐的价值目标；在社会层面要倡导自由、平等、公正、法治的价值取向；在公民个人层面要倡导爱国、敬业、诚信、友善的价值准则。培育和践行这样的社会主义核心价值观，让每个公民都能够自觉自愿地遵循、践履这样的价值目标、价值取向、价值准则，才能在公民最大的共识和最大的参与中，治好国理好政。

八是，刚柔相济参与全球治理。在中华民族复兴历史上，中国已经从人口大国成为政治大国、经济大国，成为世界第二大经济体和 G20 成员国。党的十八大以来，以习近平同志为总书记的党中央始终不渝坚持走中国和平发展道路，以新的形象、新的姿态在世界上广交朋友，拓展国际空间，同时在美国重返亚洲频频向中国施压时毫不示弱。在前几届中央领导人推动建立的上合组织、金砖国家基础上，提出了“一带一路”战略，建立了亚投行和金砖国家开发银行，实施了一系列对外开放的新举措。刚柔相济参与全球经济治理，在世界上产生了重大的影响。这也是以习近平同志为总书记的党中央治国理政的一个重要特点。

这八个显著特点，表明我们正在以坚定的道路自信、理论自信、制度自信，全面深化改革，推进国家治理体系和治理能力现代化，完善和发展中国特色社会主义。与此同时，也彰显了中国共产党人今天的治国理政方式和治国理政能力。

（二） 在党的领导制度改革中提高党的执政能力

中国共产党的治国理政是在改革开放进程中的治国理政。改革包括政治体制改革，中国的政治体制改革，历来是海内外最关注的改革领域。党的十八大以来，中国政治体制改革大踏步推进，在党的领导制度改革、健全社会主义协商民主制度、建设社会主义法治国家这三个方面，取得了前所未有的进展。这三大亮点，不仅彰显了中国民主政治建设的进步和特点，而且极大地提高了中国共产党应对各种复杂局面挑战、为人民执好政、掌好权的执政能力。

推进党的领导制度改革，是党的十八大以来政治体制改革的第一个亮点。在解读党的十八届三中全会通过的全面深化改革的纲领性文献时，许多解读者已经指出，这里所讲的“全面”指的是“5+1”或“5+1+1”的改革。所谓“5”，就是中国特色社会主义总体布局中经济、政治、文化、社会、生态文明制度的改革；加上“1”，就是加上党的建设制度改革；再加上“1”，就是再加上国防和军队改革。在媒体对各项改革的报道中，讲的最少的是党的建设制度的改革，然而这一领域的改革却是整个中国改革的“牛鼻子”。

需要说明的是，“党和国家领导制度的改革”这一问题包括这一概念，是邓小平在1980年8月18日召开的中共中央政治局扩大会议上提出，并为同年8月31日召开的中共中央政治局讨论通过的。① 这以后我们一般提的是“加强和改善党的领导”“以改革创新精神加强党的建设”等。在“三个代表”重要思想形成和发展的过程中，我们提出了：“改革和完善党的领导方式和执政方式”②问题。党的十八届三中全会提出了：“紧紧围绕提高科学执政、民

---

① 参见《邓小平文选》，2版，第2卷，320页。

② 《江泽民文选》，第3卷，555页。

主执政、依法执政水平深化党的建设制度改革，加强民主集中制建设，完善党的领导体制和执政方式，保持党的先进性和纯洁性，为改革开放和社会主义现代化建设提供坚强政治保证。”[①] 这里讲的“党的领导方式”“党的领导体制”改革，都已经属于邓小平讲的“党的领导制度改革”这一范畴。

邓小平当年提出这一重大课题，是基于多年来在我们的政治体制特别是党的领导制度中存在着权力过于集中的问题。这一问题，随着社会主义市场经济体制的建立，特别是随着政企分开、地方权力扩大，以及社会主义民主的完善，正在逐步解决。改革开放以来出现的新问题是，一方面权力过于集中的问题、民主不够的问题还没有彻底解决，另一方面集中不够、权力分散的问题包括以“改革”的名义“闯红灯”“上有政策、下有对策”、令行禁不止等问题也发生了。党的领导制度上出现的这些问题，破坏了党的民主集中制和政治规矩，不仅给一些人胡作非为搞腐败提供了可乘之机，而且严重削弱了党的执政能力，影响到了党的执政地位的巩固。特别是像周永康、薄熙来、徐才厚、郭伯雄、令计划、苏荣等问题的发生，给党敲响了要采取切实有效措施加强民主集中制的警钟。正如党中央曾经反复说过的那样，党的先进性和党的执政地位都不是一劳永逸、一成不变的，过去先进不等于现在先进，现在先进不等于永远先进；过去拥有不等于现在拥有，现在拥有不等于永远拥有。党的十八大后，这些复杂问题一股脑儿摆到了以习近平同志为总书记的党中央的面前。这就是党的十八大后，党中央为什么要推进党的建设制度包括党的领导制度改革的重要背景。

---

① 《中共中央关于全面深化改革若干重大问题的决定》，载《人民日报》，2013－11－16。

党的十八大以来党在领导制度改革上做了大量开创性的工作，其主要举措是：

一是“建”，就是建立新的领导机构和领导制度。

(1) 中央成立全面深化改革领导小组。党的十八届三中全会决定，为加强和改善党对全面深化改革的领导，中央成立全面深化改革领导小组，负责改革总体设计、统筹协调、整体推进、督促落实。对于为什么要成立这样一个领导小组，习近平总书记在党的十八届三中全会的讲话中指出：“全面深化改革是一个复杂的系统工程，单靠某一个或某几个部门往往力不从心，这就需要建立更高层面的领导机制。”① “这是为了更好发挥党总揽全局、协调各方的领导核心作用，保证改革顺利推进和各项改革任务落实。”② 根据全会决定，中共中央政治局在2013年底召开的会议上成立了中央全面深化改革领导小组，组长由习近平总书记亲自担任，副组长由中央政治局常委李克强、刘云山、张高丽担任。2014年1月22日下午，习近平总书记以组长的身份主持召开了中央全面深化改革领导小组第一次会议并发表重要讲话。会议审议通过了《中央全面深化改革领导小组工作规则》《中央全面深化改革领导小组专项小组工作规则》《中央全面深化改革领导小组办公室工作细则》；审议通过了中央全面深化改革领导小组下设经济体制和生态文明体制改革、民主法制领域改革、文化体制改革、社会体制改革、党的建设制度改革、纪律检查体制改革6个专项小组名单；审议通过了《中央有关部门贯彻落实党的十八届三中全会〈决定〉重要举措分工方案》；听取了各地区各部门贯彻落实党的十八届三中全会精神进展情况，研究了领导小组近期工作。习近平总书记

①② 《习近平谈治国理政》，86页。

在讲话中强调，全面深化改革，我们具备有利条件，具备实践基础，具备理论准备，也具备良好氛围，要把握大局、审时度势、统筹兼顾、科学实施，充分调动各方面积极性，坚定不移朝着全面深化改革目标前进。

需要指出的是，成立中央全面深化改革领导小组，属于“党的领导制度改革”范畴的事。这样的“领导小组”，具有直接为党中央决策服务、跨部门成员构成、权威性、高效率等特点。要了解中国的政治体制及其运作过程，就要了解这样的领导小组。新中国成立后，这样的领导小组是在1958年6月党的八届四中全会后出现的，当时，中共中央为此专门发出了《关于成立财经、政法、外事、科学、文教各小组的通知》，毛泽东在阅改审定这个文件时，还明确指出：“这些小组是党中央的，直隶中央政治局和书记处，向它们直接做报告。”① 改革开放以来，影响最大的是中央财经领导小组和中央外事工作领导小组，这两个小组是党中央领导财经工作和外交工作的决策参谋和工作助手。党的十八届三中全会决定成立的中央全面深化改革领导小组，权威性更高，可以统一部署全国性重大改革，统筹推进各领域改革，协调各方力量形成推进改革合力，加强督促检查，推动全面落实改革目标任务。因此，这是党的十八大后党的领导制度改革的一件大事。

(2) 中央设立国家安全委员会。这是党中央早就在考虑的一个大举措，由于条件不够成熟，从党的十六大、十七大到十八大历经多年酝酿，在党的十八届三中全会上做了这个重要决定。全会指出：“设立国家安全委员会，加强对国家安全工作的集中统一

---

① 《建国以来毛泽东文稿》，第7册，268页，北京，中央文献出版社，1992。

领导，已是当务之急。”[1] 这是因为，“当前，我国面临对外维护国家主权、安全、发展利益，对内维护政治安全和社会稳定的双重压力，各种可以预见和难以预见的风险因素明显增多。而我们的安全工作体制机制还不能适应维护国家安全的需要，需要搭建一个强有力的平台统筹国家安全工作”[2]。需要指出的是，我们的国家安全委员会和美国总统直属咨询机构——国家安全委员会（NSC）不一样，是中共中央系列的国家安全委员会。2014 年 1 月 24 日，中共中央政治局召开会议，研究决定中央国家安全委员会设置。会议决定，中央国家安全委员会由习近平任主席，李克强、张德江任副主席，下设常务委员和委员若干名。中央国家安全委员会作为中共中央关于国家安全工作的决策和议事协调机构，向中央政治局、中央政治局常务委员会负责，统筹协调涉及国家安全的重大事项和重要工作。显然，这也是党的十八大后党的领导制度改革和国家安全体制改革的一件大事。

（3）成立中央网络安全和信息化领导小组。2014 年 2 月 27 日，中央网络安全和信息化领导小组成立。习近平总书记亲自担任组长，李克强、刘云山任副组长。这是党的十八届三中全会以来，继中央全面深化改革领导小组和中央国家安全委员会后的第三个由习近平总书记牵头的中央专门领域的领导小组。这一领导小组，将着眼国家安全和长远发展，统筹协调涉及经济、政治、文化、社会及军事等各个领域的网络安全和信息化重大问题，研究制定网络安全和信息化发展战略、宏观规划和重大政策，推动国家网络安全和信息化法治建设，不断增强安全保障能力。之所以要建立这个领导小组，一是因为，我国互联网发展迅速，但领

---

①② 《习近平谈治国理政》，84 页。

导和管理体制很不适应。2014 年是我国接入国际互联网 20 周年。这 20 多年来，中国互联网呈现迅速发展的态势，据中国互联网络信息中心（CNNIC）发布的报告，截至 2015 年 6 月，我国网民规模已达 6.68 亿，网站总数 413.7 万余个，域名总数超过 2 230 万个，CN 域名数量约 1 225 万个，中国已经成网络大国。但是由于历史原因，我国互联网管理体制如同习近平总书记在对党的十八届三中全会说的那样，存在着“多头管理、职能交叉、权责不一、效率不高”[①] 等明显弊端。二是因为，我国已经确定以信息化驱动工业化、城镇化、农业现代化，推进国家治理体系和治理能力现代化的任务，但在信息技术的自主创新方面还相对落后，区域和城乡差异比较明显，特别是人均带宽与国际先进水平差距较大，离网络强国目标仍有不小差距。三是因为，由于互联网对国家经济、政治、文化和社会生活的影响越来越大，网络安全已经成为国家安全的重要组成部分，加大依法管理网络力度，完善互联网管理领导体制，已经时不我待。因此，党的十八届三中全会通过的《关于全面深化改革若干重大问题的决定》（简称《决定》）明确提出，要坚持积极利用、科学发展、依法管理、确保安全的方针，加大依法管理网络力度，完善互联网管理领导体制。习近平总书记在对这个《决定》作说明时，重点讲了 11 个重大问题，其中第 8 个就是关于加快完善互联网管理领导体制。

党的十八大后建立的中央深化改革领导小组、中央国家安全委员会、中央网络安全和信息化领导小组，已经成为我国政治运作的重要机构，标志着中央在推进党的领导制度改革中取得了实质性的进展和进步。

---

① 《习近平谈治国理政》，84 页。

二是“强”，就是强化原有的机构和制度。

(1) 强化纪律检查委员会在党的纪律检查监督中的责任。为了加强对广大党员和党的干部的监督，中国共产党从中央到地方建立了纪律检查委员会。按照党章规定，中央纪律检查委员会是中国共产党最高纪律检查机关，它和中共中央一样，都是由中国共产党全国代表大会选举产生，但同时它又要在中共中央领导下工作。地方和基层的纪律检查委员会实行双重领导体制，即在同级党的委员会和上级纪律检查委员会双重领导下进行工作。纪律检查委员会的主要任务是：维护党的章程和其他党内法规，协助党的委员会加强党风建设，检查党的路线方针政策和决议的执行情况；对党员进行遵守纪律的教育，作出关于维护党纪的决定；检查和处理党的组织和党员违反党章和其他党内法规的比较重要或复杂的案件，决定或取消对这些案件中党员的处分；受理党员的控告和申诉等。根据工作需要，它可向中央一级党和国家机关派驻党的纪律检查组或纪律检查员。这些规定都很正确，但在实践中有些规定执行起来缺乏可操作性，比如地方纪律检查委员会接受同级党委和上级纪律检查委员会双重领导这一条，执行起来有困难，影响了纪律检查工作对同级党委成员的监督。

党的十八届三中全会提出，为加强党对党风廉政建设和反腐败工作的统一领导，决定改革党的纪律检查体制，健全反腐败领导体制和工作机制，改革和完善各级反腐败协调小组职能。具体做法是：1）落实党风廉政建设责任制，明确党委负主体责任，纪委负监督责任，制定实施切实可行的责任追究制度。2）明确各级纪委要履行协助党委加强党风建设和组织协调反腐败工作的职责，加强对同级党委特别是常委会成员的监督，更好发挥党内监督专门机关作用。3）强调党的纪律检查工作双重领导体制要进一步具体化、程序化、制度化，强化上级纪委对下级纪委的领导。明确查办腐败案件以上级纪委领导为主，线索处置和案件查办在向同级党委报告的同时必须向上级纪委报告。4）特别是，明确各级纪委书记、副书记的提名和考察以上级纪委会同组织部门为主。5）全面落实中央纪委向中央一级党和国家机关派驻纪检机构，实行统一名称、统一管理。派驻机构对派出机关负责，履行监督职责。6）改进中央和省区市巡视制度，做到对地方、部门、企事业单位全覆盖。

2015 年 1 月，中央纪律检查委员会十八届五次会议根据中共中央十八届三中全会决定，宣布中央纪律检查委员会在中央办公厅、中央组织部、中央宣传部、中央统战部、全国人大机关、国务院办公厅、全国政协机关等中央和国家机关派驻机构。这新设立的七家纪律检查派驻机构，是实现中央一级党和国家机关派驻机构全覆盖的重要一步，这在党的历史上尚属首次。

这些举措，属于深化党的领导制度改革的范畴，不仅改革了党的纪律检查体制，进一步明确和增强了纪律检查委员会的责任，而且强化了党对党风廉政建设和反腐败工作的领导。

（2）强化党委对党组工作领导。在中国共产党的组织系统中，除了有中央委员会和地方党委以及基层党组织，还有党在中央和地方国家机关、人民团体、经济组织、文化组织、社会组织以及其他组织领导机关中设立的党组。党组是党在这些部门和组织中的领导机构，在这些部门和组织中发挥领导核心作用。在 20 世纪 80 年代末，曾经有人曲解“党政分开”的原则，对于党在政府各部门、经济组织和文化组织设立党组提出异议，要撤销这些部门和组织中的党组。党的十三届四中全会后，在形成“三个代表”重要思想的过程中，党中央深入研究了中国的党政关系、党与经济组织文化组织的关系，提出了党既不能代替或包揽政权机关、经济和文化组织的职能，又不能放弃对政权机关、经济和文化组织的领导，重申党委可以在政权机关、经济和文化组织等组织设立党组，同时要改变党委那种什么都管的领导方式，提出了党委同这些机关和组织中的党组是领导与被领导的关系，但要按照“总揽全局、协调各方”的原则，而不是包揽、包办各方的原则，规范党委和同级人大、政府、政协以及人民团体的关系。

党的十八大后，为进一步规范党组工作，加强和改善党的领导，提高党的执政能力，更好发挥党总揽全局、协调各方的领导核心作用，以习近平同志为总书记的党中央根据《中国共产党章程》，制定了《中国共产党党组工作条例（试行）》。这一条例强调，1）党的中央委员会和地方各级委员会应当加强对党组工作的领导。党委组织部门负责党组设立审核、日常管理等方面的具体工作，纪律检查机关、党委其他工作部门和有关派出机构根据职责分工做好相关工作。2）党组必须服从批准其设立的党组织领导。要建立健全党组向批准其设立的党组织请示报告工作制度。党组每年至少作1次全面报告，遇有重大问题应当及时请示报告。执行党中央和上级党组织以及上级单位党组某项重要指示和决定的情况，应当进行专题报告。3）与此同时，党组应当认真履行党要管党、从严治党责任，加强对本单位党的建设的领导，落实党建工作责任制。党组书记应当履行抓党建第一责任人的职责，其他党组成员根据分工抓好职责范围内党的建设工作。4）在加强党风廉政建设过程中，党组应当认真履行党风廉政建设主体责任，支持纪检监察机构履行监督责任。5）党组还应当加强对本机关和直属单位党组织工作的指导，支持党的机关工作委员会履行对机关和直属单位党组织工作的领导职责。

强化党委对党组工作领导，实质是强化党对中央和地方国家机关、人民团体、经济组织、文化组织、社会组织以及其他组织及其党员干部的领导，是深化党的领导制度改革的重要方面。

党的十八大以来，党中央除了在纪律检查工作和党组工作中作出了加强党的领导制度改革的决定，还在加强党的地方委员会工作和对群众团体工作的领导，以及党对干部的选拔任免、领导干部亲属经商、任职和担任社会组织职务、住房和办公用房、公车和秘书配备、公务接待、出国定居等问题上，都作出了制度化的规定，强化了党的组织领导特别是党组织对各级领导干部的管理。

三是“优”，就是优化原来的领导体制。

办好军队的事情，是“办好中国的事情”的重要组成部分。办好中国的事情，关键在党；办好军队的事情，关键更在党。我们党历来重视对军队的绝对领导，但在现代化建设新时期，军队中党的领导和党的建设以及军事管理体制遇到许多新问题。特别是，军队出现的腐败问题触目惊心，对如何加强党对军队的绝对领导也是严峻的挑战。党的十八届三中全会在部署全面深化改革时，专题研究了如何深化国防和军队改革这一重大问题。2015 年 11 月 24 日至 26 日，引人注目的中央军委改革会议在北京举行。媒体报道，中共中央总书记、国家主席、中央军委主席、中央军委深化国防和军队改革领导小组组长习近平出席会议并发表重要讲话。

习近平总书记的重要讲话，涉及国防和军队建设的方方面面，其中一个重大问题，是要优化党对军队的绝对领导制度。第一，他强调，要着眼于贯彻新形势下政治建军的要求，推进领导掌握部队和高效指挥部队有机统一，形成军委管总、战区主战、军种主建的格局。一方面，要坚持坚定正确的政治方向，通过一系列体制设计和制度安排，把党对军队绝对领导的根本原则和制度进一步固化下来并加以完善，强化军委集中统一领导，更好地使地军队最高领导权和指挥权集中于党中央、中央军委。另一方面，要对领导管理体制和联合作战指挥体制进行一体设计，通过调整军委总部体制、实行军委多部门制，组建陆军领导机构、健全军兵种领导管理体制，重新调整划设战区、组建战区联合作战指挥机构，健全军委联合作战指挥机构等重大举措，着力构建军委—战区—部队的作战指挥体系和军委—军种—部队的领导管理体系。第二，他强调要着眼于深入推进依法治军、从严治军，抓住治权这个关键，构建严密的权力运行制约和监督体系。要按照决策、执行、监督既相互制约又相互协调的原则区分和配置权力，重点解决军队纪检、巡视、审计、司法监督独立性和权威性不够的问题，以编密扎紧制度的笼子，努力铲除腐败现象滋生蔓延的土壤。同时，组建新的军委纪委，向军委机关部门和战区分别派驻纪检组，推动纪委双重领导体制落到实处；调整组建军委审计署，全部实行派驻审计；组建新的军委政法委，调整军事司法体制，按区域设置军事法院、军事检察院，确保它们依法独立公正行使职权。

与此同时，习近平总书记明确提出了深化国防和军队改革的时间表，这就是：2020 年前要在领导管理体制、联合作战指挥体制改革上取得突破性进展，在优化规模结构、完善政策制度、推动军民融合发展等方面改革上取得重要成果，努力构建能够打赢信息化战争、有效履行使命任务的中国特色现代军事力量体系，完善中国特色社会主义军事制度。他强调，全军要以高度的历史自觉和强烈的使命担当，以踏石留印、抓铁有痕的精神，坚决打赢改革这场攻坚仗，努力交出让党和人民满意的答卷。

为此，要着力统一思想认识，把思想政治工作贯穿改革全过程，引导各级强化政治意识、大局意识、号令意识，引导官兵积极拥护、支持、参与改革。高层领率机关和高级干部要带头讲政治、顾大局、守纪律、促改革、尽职责，坚决维护党中央、中央军委改革决策部署的权威性和严肃性。要着力加强组织领导，各级党委要把抓改革举措落地作为政治责任，党委主要领导要当好第一责任人，一级抓一级。军队党的建设各项工作要围绕改革来定任务、强措施，保证改革顺利进行。

综上所述，党的十八大以来，以习近平同志为总书记的党中央在积极稳妥推进政治体制改革过程中，通过一“建”、二“强”、三“优”，深化党的领导制度改革，写出了一篇光彩夺目的大文章、好文章，从而全方位提高了党的执政能力。

（三）在健全协商民主制度中提高党的执政能力

众所周知，提出“健全社会主义协商民主制度”，是党的十八大的一个亮点，是我国政治体制的一个重大的制度设计。习近平总书记在党的十八届三中全会强调，社会主义协商民主是中国社会主义民主政治的特有形式和独特优势，是党的群众路线在政治领域的重要体现。同时，他还明确指出，推进协商民主广泛多层制度化发展是“政治体制改革的重要内容”。这一举措之所以重要，是因为健全协商民主制度是把加强党的领导和坚持人民当家作主结合起来，是提高党的执政能力的重大举措。

民主政治，是中国共产党的追求，有中国共产党的创造。在这个问题上，我们决不能妄自菲薄，唯西方马首是瞻。在庆祝中国人民政治协商会议成立 65 周年的大会上，习近平总书记系统论述了我国协商民主制度的由来、实质和完善这一中国特色民主制度的努力方向。根据党的十八大和十八届三中全会精神，在 2014 年 12 月 29 日召开的中央政治局会议上，审议通过了《关于加强社会主义协商民主建设的意见》，这是指导我国社会主义协商民主建设的纲领性文件，对新形势下开展政党协商、人大协商、政府协商、政协协商、人民团体协商、基层协商以及社会组织协商等作出了全面部署，构建了一个社会主义协商民主的科学体系。这一文件已于 2015 年 1 月 5 日正式印发，这是以习近平同志为总书记的党中央深化政治体制改革、发展社会主义民主政治的重大战略举措。

中国的协商民主，可以追溯到中国特有的“中国人民政治协商会议”这一组织，再往前可以追溯到中国的统一战线。可以说，今天中国政治的全部特点，都是由中国基本国情造就的统一战线特点带来的。

马克思恩格斯在《共产党宣言》中说，到人类社会进入到资本主义社会，社会结构就“简单化”了，即“整个社会日益分裂为两大敌对的阵营，分裂为两大相互直接对立的阶级：资产阶级和无产阶级”[①]。但是，近代中国是一个半殖民地半封建的社会，社会结构呈现出一种复杂的多元化的特点，不仅有资产阶级和无产阶级，资产阶级中还有官僚买办资产阶级和民族资产阶级，农村有地主、富农、中农、贫农和雇农，城市也还有小资产阶级、游民等。以毛泽东为代表的中国共产党人清醒地认识到，在中国各个阶级中，无产阶级虽然是同社会化大生产相联系的先进阶级，

---

① 《马克思恩格斯文集》，第 2 卷，32 页，北京，人民出版社，2009。

但是由于中国处在一个经济文化比较落后的半殖民地半封建社会，在数量上不如同小生产经济相联系的农民阶级和城市小资产阶级，因此必须联合和团结最广大的农民阶级和城市小资产阶级，特别是要把农民作为革命的主力军；与此同时，无产阶级还要争取和团结虽然在数量上不多但在社会上有着广泛影响力的民族资产阶级。根据这样的阶级分析和政治分析，中国共产党在领导革命的过程中，十分注意从中国实际出发，同农民阶级、城市小资产阶级和民族资产阶级结成广泛的统一战线，同帝国主义、封建主义和官僚资本主义展开有力的斗争。

熟悉中国革命历史的人都知道，在抗日战争时期，毛泽东曾经把“统一战线”和“武装斗争”“党的建设”一起，称为“中国革命中的三个基本问题”①、“中国共产党在中国革命中战胜敌人的三个法宝”②。而“统一战线”是团结最大多数革命力量同敌人斗争的法宝，因此在革命胜利后就会立即转化为执政建国和兴国的法宝。这是中国政治发展中一个非常有意思的现象，是中国政治发展中的一个鲜明特点。

那么，在统一战线中怎么样把各个阶级各个党派的力量联合起来呢？我们在研究党的历史时，注意到中国共产党在统一战线中主要用的是协商民主，就是平等对话、求同存异，既讲团结，又有斗争，在民主协商中求得团结。这种工作的方式方法在民主政治理论中就叫作协商民主。

需要指出的是，在解放战争进行到人民解放军发动全面反攻阶段，全国胜利解放的前景展现在中国人民面前了。这个时候，

---

① 《毛泽东选集》，2版，第2卷，605页。

② 同上书，606页。

毛泽东和中共中央开始考虑夺取全国政权这件大事，考虑怎么样在人民民主统一战线的基础上，召开新政协，通过协商民主，筹备建立人民民主的新中国。

还需要指出的是，就在统一战线从非制度化向制度化的转型过程中，统一战线中的协商民主工作方式方法也就转化为制度化的协商民主。中国人民政治协商会议是一种制度安排。新中国成立之初，中国共产党与各民主党派、无党派民主人士召开的双周座谈会、协商座谈会和最高国务会议等行之有效的民主协商形式，也是制度。

习近平总书记在庆祝中国人民政治协商会议成立65周年的重要讲话中，阐明实行人民民主，保证人民当家作主，要求我们在治国理政时在人民内部各方面进行广泛商量时，引用过毛泽东的两句话来说明协商民主是我们党的传统和优势。

一句话是："国家各方面的关系都要协商。"① 这句话是在1954年全国人大召开后，即人民政协不再代行人大的职权后，党中央决定人民政协作为专门的协商机构还要存在并发挥作用时讲的。毛泽东这句话后紧跟着说的一句话也很好，他说："国民党的参议会才是投闲置散、虚应故事的，我们的政协是有事情做的。"②

习近平同志引用的毛泽东的另一句话是："我们政府的性格，你们也都摸熟了，是跟人民商量办事的"③，"可以叫它是个商量政府"④。这句话是1956年12月8日说的，当时毛泽东正在研究怎么样集思广益，从中国实际出发建设社会主义。

事实上，我们党一直高度重视协商。毛主席在延安时期就告

①② 《毛泽东文集》，第6卷，386页，北京，人民出版社，1999。
③④ 《毛泽东文集》，第7卷，178页，北京，人民出版社，1999。

诫全党："我们不是一个自以为是的小宗派，我们一定要学会打开大门和党外人士实行民主合作的方法，我们一定要学会善于同别人商量问题。"①

1954年我国召开第一届全国人民代表大会，人民政协完成了代行人民代表大会职权的使命。在1952年中共中央决定制定宪法和选举法，全国普选人民代表、准备召开全国人民代表大会之际，有的民主党派人士担心这一决定对他们不利，担心一旦实行全国普选，他们会落选。民主党派的担心不是没有道理的，因为选举民主遵循的"游戏规则"是少数服从多数，表面上人人都有神圣的一票，实际上许多人的权利是实现不了的。当年，毛泽东亲自出面做工作，强调人民代表大会制的政府仍将是统一战线的政府。同时毛泽东要求中央统战部研究和解决这个问题。但是后来在选举中，毛泽东注意到有的民主党派和无党派民主人士确实没有被选上人民代表，决定在召开人民代表大会后继续发挥人民政协的作用，让各个党派各个界别能够通过人民政协这个平台参政议政。毛泽东当年说了一句十分朴素而又深刻的话："人民代表大会是权力机关，这并不妨碍我们成立政协进行政治协商。各党派、各民族、各团体的领导人物一起来协商新中国的大事非常重要。人民代表大会已经包括了各方面，人大常委会是全国人民代表大会的常设机关，代表性当然很大。但它不能包括所有的方面，所以政协仍有存在的必要，而不是多余的。"② 这里，"人大的代表性当然很大，但它不能包括所有的方面"这一判断，揭示了选举民主的软肋，而我们追求的民主是最广泛的人民民主，因此毛泽东提出

---

① 《毛泽东选集》，2版，第3卷，810页。

② 《毛泽东传（1949—1976）》（上），315页，北京，中央文献出版社，2003。

在召开人民代表大会的同时，继续发挥人民政协的作用，即选举民主中的“多数”和“少数”都应该享受民主权利，都应该参政议政的民主思想。这就形成了我们今天所说的“两会”制度。尽管后来由于我们在社会主义建设的实践中犯了错误，人民代表大会制度和人民政协组织都没有能够充分发挥它们应有的作用，但是“两会”制度保存下来了。改革开放以来，我们在民主政治实践中，充分发挥“两会”的作用，同时认真总结“两会”的经验，探索中国特色社会主义民主理论。1991年，江泽民同志在“两会”党员负责人会议上，第一次提出我国社会主义民主有两种重要形式。他指出，人民通过选举、投票行使权利和人民内部各方面在选举和投票之前进行充分协商，尽可能就共同性问题取得一致意见，是我国社会主义民主的两种重要形式。① 2006年中共中央在印发的当年5号文件中，正式提出了中国有选举和选举之前的协商两种民主形式。这一文件给人民政协工作和协商民主的完善注入了新的活力。这表明，选举民主和协商民主相结合，正是中国特色社会主义民主的“特色”之所在。

党的十八大以来，在以习近平同志为总书记的党中央领导下，我们不仅把推进协商民主广泛多层制度化发展作为政治体制改革的重要内容，而且强调协商民主就是在中国共产党领导下，人民内部各方面围绕改革发展稳定重大问题和涉及群众切身利益的实际问题，在决策之前和决策设施之中开展广泛协商，努力形成共识的重要民主实现形式。与此同时，按照党的十八届三中全会的制度设计，经过深入的调查研究，形成关于政党协商、人大协商、

---

① 参见江泽民：《在统一战线内部形成党领导下的团结、民主、和谐的合作共事关系》，见《人民政协重要文献选编》（中），506页，北京，中国文史出版社、中央文献出版社，2009。

政府协商、政协协商、人民团体协商、基层协商以及社会组织协商这七大协商制度。现在，关于政党协商、政协协商、城乡社区协商的实施意见已经出台，协商民主已经从实践到理论，再从理论到实践，进入一个指导中国民主政治积极有序发展的新阶段。中国共产党推进协商民主，既使党的决策有了可靠基础，又在党的领导下办好了最为人们所瞩目的“人民民主”这件大事。

2015 年 3 月 21 日，我们曾经在四川省彭州市葛仙山镇现场观摩那里的社会协商对话会，会场上的标语很吸引人：“重大问题让群众知晓，重大事项经群众协商，重大决定经协商决定。”

“应到 53 人，实到 53 人，符合法定人数，现在开会！”协商对话会一开始就很规范。

会议开始后，由镇长通报了上一次社会协商对话会形成的“议题共识”的办理情况。

我们注意到，参加会议的男男女女围坐几圈，十分认真地听取报告，不少人还边听边记。

他们是些什么人？经向陪同我们观摩的市委韩轶书记了解，知道他们是镇协商会成员。

原来，这里的基层协商民主有两级协商机制：一级是村（居）民议事会；一级是镇协商会。

村（居）民议事会成员，是由村民中推举产生的。每 5～15 户产生一名村（居）民代表，再以村（社区）为单位，每个村（居）民小组产生 2～4 人，组成村（居）民议事会成员。成员总数不少于 21 人，而且干部不能超过 50%。

镇协商会成员，是按照每个村 1～3 人的名额，在村（居）民议事会成员中协商产生。成员总数为 20～60 人，其中镇机关干部不超过 2 人，村（社区）干部不超过 25%。

村一级议事会，每月 20 日开始收集群众关心的议题，25 日开会协商。镇一级协商会，每半年至少开一次。我们到葛仙山镇观摩的，是他们 2015 年第一次协商会。

由于他们大多数是务农的农民，讲的方言我们听不大明白，协商会开始时一个议程接一个议程，我们感到比较沉闷。后来看了文字材料，才知道在报告了上一次协商会形成的议题共识的办理情况后，主要是通报了本次协商会召开前在各个村民小组群众中收集到哪些议题。

这次会议的议题有两个，分别由专人做了介绍。一个议题是，现在这里 80% 的群众已经住进了集中居住小区，但还有 1 000 余户居民分散居住在偏僻院落和丘陵山区，生活条件较差，他们强烈要求改善居住条件；另一个议题是，葛仙山镇的乡村旅游发展态势良好，景区群众 2014 年人均收入比上年增加 2 000 元，但是在景区外的村民增加收入缺乏路子，他们希望实现景区和非景区经济共同发展，也能够依托乡村旅游产业增加收入。

在通报会议议题时，我们也了解到在会前已经将议题公示，要求各位镇协商会成员进行调研。议题通报后，就开始分五个小组协商这两个议题。我们这些来观摩的专家学者、实际工作者和媒体朋友兴致勃勃地挤到他们中间去，近距离地看他们是怎样进行民主协商的。与此同时，我们也逐渐熟悉了他们的方言。

一个大会议室的四个角，加上中间，聚集着五个小组的镇协商会成员，发言声此起彼伏，气氛非常活跃。只见他们有的慷慨激昂，有的娓娓道来，有的争先恐后发言，有的直接坐到小组做记录的秘书那里，要他记下自己的意见。没有人愿意放弃自己的民主协商权利。

分组协商结束后，村民们各就各位，聚精会神地听取各个小组的汇报。让我们感到惊讶的是，各个小组在汇报的同时，条理都很清楚，很快就把刚才七嘴八舌讨论的问题梳理出来了。更让我们佩服的是，各个小组汇报结束没有几分钟，秘书们就把大家的意见汇总出来了，交给了协商会主持人。

主持人向大家报告：第一个议题经过协商，各个组有7条议题共识；第二个议题经过协商，各个小组有6条议题共识。然后，参加协商会的成员对这两个议题协商后提出的建议进行表决。结果是：第一个议题，51票同意，2票不同意；第二个议题，52票同意，1票不同意。

我们注意到，他们把分组讨论汇总的意见和经过表决的结果叫作"议题共识"，并在会上决定把这个"议题共识"提交给镇党委和镇政府研究解决。到这时，我们才明白为什么会议一开始，镇长要向大家报告上一次协商对话会形成的"议题共识"的办理情况。

参加观摩的专家学者在协商会结束后，还意犹未尽地找村民了解协商会的细节。全国政协常委、文史和学习委员会副主任卞晋平看完这里的基层协商民主，感慨地说："中国的基层有民主，中国的民主有希望。"中央社会主义学院副院长张峰为《彭州基层协商民主探索实践》一书写的序言，题目是"基层协商，大有希望"。这是大家这次四川之行的共同体会。所以，我多次说过："与其空谈民主不如深入研究民主的实践经验。"

我们常说，要坚持从中国实际出发这一辩证唯物主义大原则。

在民主政治问题上从中国实际出发，最根本的，就是推进政治体制改革要尊重国情，尊重历史，尤其要尊重党和人民创造的实践经验。我们的协商民主不是从西方的协商民主那里套用过来的，而是我们自己的创造。

习近平总书记深刻地指出，人民是否享有民主权利，要看人民是否在选举时有投票的权利，也要看人民在日常政治生活中是否有持续参与的权利；要看人民有没有进行民主选举的权利，也要看人民有没有进行民主决策、民主管理、民主监督的权利。社会主义民主不仅需要完整的制度程序，而且需要完整的参与实践。人民当家作主必须具体地、现实地体现到中国共产党执政和国家治理上来，具体地、现实地体现到中国共产党和国家机关各个方面、各个层级的工作上来，具体地、现实地体现到人民对自身利益的实现和发展上来。因此，建立健全社会主义协商民主，是实现人民民主权利的有效形式。

这里，有一个问题是不能回避的，即政治民主与社会和谐的关系。从理论上讲，政治民主是实现社会和谐的必备条件，有了民主就可以实现社会和谐。但在实践上，情况远不是理论上描述的那么简单。比如我们看一看近年来许多国家推行美国式民主所遇到的混乱局面就可以理解了，但是，我们这样讲，并不是认为民主本身有问题，而是说要努力找到适合一个国家国情并且能够保持这个国家社会和谐的民主实现形式。

当前，我国已进入全面建成小康社会的决胜阶段。中央明确指出，在今天的历史条件下加强协商民主建设，有“五个有利于”。这就是我们在政治体制改革和民主政治建设中推进协商民主广泛多层制度化发展，一有利于扩大公民有序政治参与、更好实现人民当家作主的权利；二有利于促进科学民主决策、推进国家治理体系和治理能力现代化；三有利于化解矛盾冲突、促进社会和谐稳定；四有利于保持党同人民群众的血肉联系、巩固和扩大党的执政基础；五有利于发挥我国政治制度优越性，增强中国特色社会主义道路自信、理论自信、制度自信。这“五个有利于”，深刻地阐述了今天加强社会主义协商民主的重要意义。

习近平总书记深刻地指出：“在中国社会主义制度下，有事好商量，众人的事情由众人商量，找到全社会意愿和要求的最大公约数，是人民民主的真谛。”① 在人民内部各方面广泛商量的过程，就是发扬民主、集思广益的过程，就是统一思想、凝聚共识的过程，就是科学决策、民主决策的过程，就是实现人民当家作主的过程。这样做起来，国家治理和社会治理才能具有深厚基础，也才能凝聚起强大力量。

实践告诉我们，中国的社会主义协商民主，既坚持了中国共产党的领导，又发挥了各方面的积极作用；既坚持了人民主体地位，又贯彻了民主集中制的领导制度和组织原则；既坚持了人民民主的原则，又贯彻了团结和谐的要求。因此，这种民主，丰富了民主的形式、拓展了民主的渠道、加深了民主的内涵，有利于把政治民主和社会和谐有机地统一起来。也就是说，中国特色的协商民主是在中国共产党的执政实践中形成的，同时也是中国共产党提高自己执政能力的重要标志。

当然，在推进协商民主广泛、多层、制度化发展的过程中，我们要始终坚持党的领导，因为，党的领导是中国特色社会主义最本质的特征，也是加强协商民主建设的关键。那么，党怎样加

① 习近平：《推进人民政协理论创新制度创新工作创新 推进社会主义协商民主广泛多层制度化发展》，载《人民日报》，2014－09－22。

强对协商民主的领导呢？第一，党委要自觉担负起领导责任，首先要认识领导的内涵。党对协商民主建设的领导，其内涵，一是指在广泛多层推进协商民主时各方都必须坚持党的领导；二是指在协商民主中党委要充分发挥总揽全局、协调各方的领导核心作用，把握正确方向，形成强大合力，确保协商民主有序高效开展。这两个方面缺一不可，但重点是党委要自觉担负起领导责任来，确保协商民主有序高效开展，学会用这种民主方式治国理政。第二，党委要自觉担负起领导责任，最重要的是要在思想上工作上高度重视协商民主建设，掌握协商民主的基本点。要把协商民主建设纳入总体工作部署和重要议事日程，对职责范围内各类协商民主活动进行统一领导、统一规划、统一部署，更好保障人民群众的知情权、参与权、表达权、监督权。

与此同时，我们必须强调指出，在制度设计上，要认真落实习近平总书记关于“协商就要真协商”的要求。实践告诉我们，协商有“真协商”和“假协商”之别。“真协商就要协商于决策之前和决策之中，根据各方面的意见和建议来决定和调整我们的决策和工作，从制度上保障协商成果落地，使我们的决策和工作更好顺乎民意、合乎实际。”① 假协商，就是做好了决策再和大家协商，协商了又不听取、不采纳协商参与者的意见。因此，习近平总书记明确要求全党，社会主义协商民主，应该是实实在在的、而不是做样子的，应该是全方位的、而不是局限在某个方面的，应该是全国上上下下都要做的、而不是局限在某一级的。必须构建程序合理、环节完整的社会主义协商民主体系，确保协商民主

① 习近平：《推进人民政协理论创新制度创新工作创新 推进社会主义协商民主广泛多层制度化发展》，载《人民日报》，2014-09-22。

有制可依、有规可守、有章可循、有序可遵。所以，我们各级干部都要学会坚持求同存异、理性包容，切实提高协商质量和效率。

综上所述，只要我们在深化政治体制改革过程中，加强和完善党对协商民主的领导，创造性地构建社会主义协商民主体系，并把协商民主与选举民主更好地结合起来，把民主与法治更好地结合起来，中国特色社会主义民主政治一定能够提升到新的高度，创造出新的辉煌，与此同时，也就能够进一步密切党与人民群众的联系，提高党的执政能力，巩固党的执政的基础，“办好中国的事情”。

（四） 在全面法治中提高党的国家治理能力

实践告诉我们，要使国家长治久安，就要坚持依法治国。因此，中国共产党在治国理政过程中，不仅要经受民主的洗礼，而且要学会在宪法和法律下活动。党的十八大以来，中国共产党通过了第一个《关于全面推进依法治国若干重大问题的决定》（简称《决定》）。这就是2014年10月20日至23日在北京胜利举行的党的十八届四中全会通过的历史文献。这个《决定》是建设社会主义法治国家的行动纲领，也是彰显中国共产党执政方式和执政能力的最新版本。

我们注意到，这个建设法治国家的行动纲领，提出了六个重大问题，即建设法治国家的六大关系。

一是，中国特色社会主义法治道路与中国特色社会主义道路的关系。

党的十八届四中全会及其通过的《决定》，是中国共产党在坚持和完善中国特色社会主义道路、理论、制度过程中取得的最新成果。其突出贡献是提出并明确了我国的法治建设走的是一条中国特色社会主义法治道路。

《决定》指出，全面推进依法治国，总目标是建设中国特色社会主义法治体系，建设社会主义法治国家。对于这个总目标，习近平总书记有一个深刻而精辟的论述，他说："提出这个总目标，既明确了全面推进依法治国的性质和方向，又突出了全面推进依法治国的工作重点和总抓手。"① 他所说的"性质和方向"，就是我们向国内外鲜明宣示将坚定不移走中国特色社会主义法治道路。

党的十八大指出，道路关乎党的命脉，关乎国家前途、民族命运、人民幸福。在党的十八届四中全会上，习近平总书记也强调，在走什么样的法治道路问题上，必须向全社会释放正确而明确的信号，指明全面推进依法治国的正确方向，统一全党全国各族人民认识和行动。这个"正确而明确的信号"，就是在依法治国问题上，我们要借鉴世界各国法治的成功经验，但决不会照抄照搬西方那一套，我们将坚定不移地走中国特色社会主义法治道路。

首先，中国特色社会主义法治道路来自中国特色社会主义的伟大实践，是我国社会主义法治建设成就和经验的集中体现。党一直高度重视法治建设。新中国成立时，我们党通过召集中国人民政治协商会议制定了代行宪法的《共同纲领》，以后又颁布了婚姻法等一系列重要法律法规，依法领导和管理国家、社会。在召开全国人民代表大会和立宪的条件具备后，毛泽东亲自主持宪法起草，并在 1954 年第一届全国人民代表大会上通过后实施。"文化大革命"后，党深刻总结我国社会主义法治建设的成功经

① 习近平：《关于〈中共中央关于全面推进依法治国若干重大问题的决定〉的说明》，载《人民日报》，2014－10－29。

验和深刻教训，提出为了保障人民民主，必须加强法治，必须使民主制度化、法律化，把依法治国确定为党领导人民治理国家的基本方略，积极建设社会主义法治，取得了历史性的进步。目前，中国特色社会主义法律体系已经形成，法治政府建设稳步推进，司法体制不断完善，全社会法治观念明显增强。我国的法治实践证明，形成于我们自己实践的中国特色社会主义法治道路，是把我国建成社会主义法治国家的唯一正确道路。我们要有这样的道路自信。

其次，中国特色社会主义法治道路反映了中国特色社会主义发展大局的要求，是中国特色社会主义道路的重要组成部分。《决定》在论述全面推进依法治国总目标时，指出其内涵是："在中国共产党领导下，坚持中国特色社会主义制度，贯彻中国特色社会主义法治理论，形成完备的法律规范体系、高效的法治实施体系、严密的法治监督体系、有力的法治保障体系，形成完善的党内法规体系，坚持依法治国、依法执政、依法行政共同推进，坚持法治国家、法治政府、法治社会一体建设，实现科学立法、严格执法、公正司法、全民守法，促进国家治理体系和治理能力现代化。"① 习近平总书记在对《决定》所做的说明中指出："党的领导是中国特色社会主义最本质的特征，是社会主义法治最根本的保证。中国特色社会主义制度是中国特色社会主义法治体系的根本制度基础，是全面推进依法治国的根本制度保障。中国特色社会主义法治理论是中国特色社会主义法治体系的理论指导和学理支撑，是全面推进依法治国的行动指南。这3个方面实质上是中国特

---

① 《中共中央关于全面推进依法治国若干重大问题的决定》，载《人民日报》，2014-10-29。

色社会主义法治道路的核心要义，规定和确保了中国特色社会主义法治体系的制度属性和前进方向。”① 这些概括，揭示了中国特色社会主义法治道路的科学内涵和核心要义。显而易见，这一法治道路反映了中国特色社会主义发展大局的要求，是在我们党开辟中国特色社会主义道路的进程中形成的。这一来自中国特色社会主义实践的法治道路，是中国特色社会主义道路这条总道路的有机组成部分。

再次，坚持走中国特色社会主义法治道路具有重要意义，肩负着全面推进依法治国，建设现代化的国家治理体系，完善和发展中国特色社会主义制度，更好地坚持和拓宽中国特色社会主义道路的重要使命。我们党自改革开放以来，一直在为民主和法治而奋斗。与此同时，我们在民主和法治问题上也不断深化认识，提出新的观点，作出新的决策。党的十八大以来，我们在全面深化改革的时候，对民主和法治有了一个崭新的宏大目标，这就是要完善和发展中国特色社会主义制度，推进国家治理体系和治理能力现代化。尽管对于怎么实现这个目标我们还要进一步破题，但有两点可以肯定，一要完善和发展中国特色社会主义民主特别是社会主义协商民主，二要全面推进依法治国，建设社会主义法治国家。只要我们把习近平总书记 2015 年在庆祝人大成立 60 周年和人民政协成立 65 周年的重要讲话，同党的十八届四中全会通过的《决定》和习近平总书记在全会上的重要讲话结合起来学习、融会贯通，就可以看到党中央已经给我们描绘出了一个现代化的国家治理体系的轮廓。正如习近平总书记明确指出的，建设中国特色社会主义法治体系、建设社会主义法治国家是实现国家治理

---

① 习近平：《关于〈中共中央关于全面推进依法治国若干重大问题的决定〉的说明》，载《人民日报》，2014-10-29。

体系和治理能力现代化的必然要求，也是全面深化改革的必然要求，有利于在法治轨道上推进国家治理体系和治理能力现代化，有利于在全面深化改革总体框架内全面推进依法治国各项工作，有利于在法治轨道上不断深化改革。突出这一点，明确这一点，非常重要。因为，以我们自己的实践为基础全面推进依法治国，克服中国历史形成的人治传统而又汲取中华法律文化精华，借鉴国外法治有益经验而又不照搬外国法治理念和模式，就可以推进国家治理体系和治理能力现代化、完善和发展中国特色社会主义制度，在中国特色社会主义道路上更好地引导中国走向富强、民主、文明、和谐。

综上所述，中国特色社会主义法治道路，既要服从于中国特色社会主义道路这条总道路，又要服务于中国特色社会主义道路这条总道路。坚持走中国特色社会主义法治道路，是为了更好地坚持和完善中国特色社会主义道路这条总道路。

二是，全面推进依法治国与全面建成小康社会、全面深化改革开放的关系。

要清醒认识全面推进依法治国的意义，还要把这次全会做出的《决定》放到全面建成小康社会、全面深化改革开放的大局中去认识。在习近平同志和党外人士座谈，就《中共中央关于全面推进依法治国若干重大问题的决定》听取各民主党派中央、全国工商联领导人和无党派人士的意见和建议时，强调《决定》起草贯彻了党的十八大和十八届三中全会精神，把握了全面建成小康社会、全面深化改革开放、全面推进依法治国之间的逻辑联系。我们在学习领会这次全会精神时，也要把握好全面建成小康社会、全面深化改革开放、全面推进依法治国的逻辑联系，认识到全面建成小康社会、全面深化改革，都离不开全面推进依法治国。

第一，从全面建成小康社会、全面深化改革开放、全面推进依法治国所承担的任务来认识它们的关系，全面推进依法治国，是“全面建成小康社会”和“全面深化改革”的重要内容。应该看到，在贯彻落实党的十八大和十八届三中全会精神时，“全面建成小康社会”和“全面深化改革”都包括了“全面依法治国”的任务和要求。党的十八大根据“五位一体”建设中国特色社会主义的总体布局，在阐述全面建成小康社会的新要求时，明确指出到 2020 年，依法治国基本方略全面落实，法治政府基本建成，司法公信力不断提高，人权得到切实尊重和保障；党的十八届三中全会在论述全面深化改革的任务和要求时，也指出要“推进法治中国建设”，强调建设法治中国，必须坚持依法治国、依法执政、依法行政共同推进，坚持法治国家、法治政府、法治社会一体建设。深化司法体制改革，加快建设公正高效权威的社会主义司法制度，维护人民权益，让人民群众在每一个司法案件中都感受到公平正义。因此，“全面依法治国”相对于“全面建成小康社会”和“全面深化改革”，是相互包含的关系。

第二，从全面建成小康社会、全面深化改革开放、全面推进依法治国所发挥的作用来认识它们的关系，全面推进依法治国是“全面建成小康社会”和“全面深化改革”的重要保证。我们已经知道，“全面建成小康社会”必须“全面深化改革”。正如党的十八大指出的，全面建成小康社会，必须以更大的政治勇气和智慧，不失时机深化重要领域改革，坚决破除一切妨碍科学发展的思想观念和体制机制弊端，构建系统完备、科学规范、运行有效的制度体系，使各方面制度更加成熟更加定型。而“全面小康”也好，“全面深化改革”也好，又都必须“全面依法治国”。正如习近平同志在党的十八届四中全会上所说的，全面推进依法治国也是解决我们在发展中面临的一系列重大问题，解放和增强社会活力、促进社会公平正义、维护社会和谐稳定、确保国家长治久安的根本要求。要保持我国经济社会长期持续健康发展势头，不断开拓中国特色社会主义更加广阔的发展前景，就必须紧密结合全面深化改革工作部署，夯实党和国家长治久安的法治基础。因此，在这个意义上，“全面依法治国”相对于“全面建成小康社会”和“全面深化改革”，又是相互依存的关系。

第三，从全面建成小康社会、全面深化改革开放、全面推进依法治国各自的奋斗目标来认识它们的关系，“全面深化改革”“全面依法治国”，归根到底，都是为了全面建成小康社会，加快推进社会主义现代化，实现中华民族伟大复兴的中国梦。党的十八届四中全会在阐述全面推进依法治国的指导思想时强调指出，全面推进依法治国，必须贯彻落实党的十八大和十八届三中全会精神，高举中国特色社会主义伟大旗帜，以马克思列宁主义、毛泽东思想、邓小平理论、“三个代表”重要思想、科学发展观为指导，深入贯彻习近平总书记系列重要讲话精神，坚持党的领导、人民当家作主、依法治国有机统一，坚定不移走中国特色社会主义法治道路，坚决维护宪法法律权威，依法维护人民权益、维护社会公平正义、维护国家安全稳定，为实现“两个一百年”奋斗目标、实现中华民族伟大复兴的中国梦提供有力法治保障。我们知道，全面深化改革的总目标，是要完善和发展中国特色社会主义制度，推进国家治理体系和治理能力现代化；全面推进依法治国的总目标，这次也明确了，是建设中国特色社会主义法治体系，建设社会主义法治国家。显而易见，建设社会主义法治国家，是推进国家治理体系和治理能力现代化的重要任务和基本保证。而推进国家治理体系和治理能力现代化也好，建设社会主义法治国家也好，从长远来讲，就是为了推进我国社会主义现代化，实现中华民族伟大复兴的中国梦，从当前来说，就是要抓住国内国际两个大局提供的战略机遇，到2020年全面建成小康社会，其中最基本的任务就是要实现国内生产总值和城乡居民人均收入比2010年翻一番。也就是说，我们今天推进任何建设、任何改革，都不能偏离而只能坚守这个大目标。

总之，我们在这里研究和讨论全面建成小康社会、全面深化改革开放、全面推进依法治国之间的关系，是要把全面推进依法治国放到党和国家的工作大局中去认识。正如党的十八届四中全会提出的，面对新形势新任务，我们党要更好统筹国内国际两个大局，更好维护和运用我国发展的重要战略机遇期，更好统筹社会力量、平衡社会利益、调节社会关系、规范社会行为，使我国社会在深刻变革中既生机勃勃又井然有序，实现经济发展、政治清明、文化昌盛、社会公正、生态良好，实现我国和平发展的战略目标，必须更好发挥法治的引领和规范作用。全面建成小康社会、全面深化改革，都离不开全面推进依法治国。综上所述，从党和国家大局来认识党的十八届四中全会及其通过的《决定》，提出要全面推进依法治国，建设社会主义法治国家，具有重大的意义。

三是，中国特色社会主义法治体系与法治工作基本格局的关系。

我们高兴地看到，党的十八届四中全会通过的全面推进依法治国、建设社会主义法治国家的《决定》，不是一个口号，而是一个直面突出问题，既有“总抓手”，又有“工作基本格局”的行动纲领。

改革开放以来，随着依法治国的理念逐渐深入人心，我国法治工作取得了前所未有的进步。与此同时，法治工作如何同社会主义市场经济的发展相适应的问题，如何让人民群众直接参与、切实有效保障人民民主的问题，如何更有力地关注民生问题，如何更好地为改革发展稳定服务的问题，也越来越突出。《决定》指出，我们在法治建设方面还存在许多不适应、不符合的问题，主要表现为：有的法律法规未能全面反映客观规律和人民意愿，针对性、可操作性不强，立法工作中部门化倾向、争权诿责现象较为突出；有法不依、执法不严、违法不究现象比较严重，执法体制权责脱节、多头执法、选择性执法现象仍然存在，执法司法不规范、不严格、不透明、不文明现象较为突出，群众对执法司法不公和腐败问题反映强烈；部分社会成员尊法信法守法用法、依法维权意识不强，一些国家工作人员特别是领导干部依法办事观念不强、能力不足，知法犯法、以言代法、以权压法、徇私枉法现象依然存在。这些问题，违背社会主义法治原则，损害人民群众利益，妨碍党和国家事业发展，必须下大气力加以解决。直面法治领域突出问题，回应人民群众迫切期待，提出一系列具有重要意义的改革举措，是这个决定的一大特色。

正是根据这些突出问题，《决定》提出了全面推进依法治国的六大任务，这就是：(1) 完善以宪法为核心的中国特色社会主义法律体系，加强宪法实施；(2) 深入推进依法行政，加快建设法治政府；(3) 保证公正司法，提高司法公信力；(4) 增强全民法治观念，推进法治社会建设；(5) 加强法治工作队伍建设；(6) 加强和改进党对全面推进依法治国的领导。

需要指出的是，在领会和把握这些任务时，我们既要从实际出发逐条落实，又要有整体观念，全面认识全面推进依法治国的

“总抓手”和“工作基本格局”。习近平总书记在论述依法治国的总目标时，深刻地指出：“全面推进依法治国涉及很多方面，在实际工作中必须有一个总揽全局、牵引各方的总抓手，这个总抓手就是建设中国特色社会主义法治体系。依法治国各项工作都要围绕这个总抓手来谋划、来推进。”① 与此同时，在同党外人士座谈并征求对中共十八届四中全会《决定》意见的时候，习近平总书记明确指出，这个《决定》反映了我国法治工作基本格局，从立法、执法、司法、守法四大方面作出工作部署。因此，我们在全面推进依法治国时，必须正确认识和牢牢把握“总抓手”和“工作布局”之间的辩证关系。

“总抓手”，就是要形成“1+5”六大法治体系。“1”就是要研究和建构中国特色社会主义法治理论；“5”就是要形成五大法治体系，即一要形成完备的法律规范体系；二要形成高效的法治实施体系；三要形成严密的法治监督体系；四要形成有力的法治保障体系；五要形成完善的党内法规体系。

“工作基本格局”，就是要根据“依法治国、依法执政、依法行政共同推进”和“法治国家、法治政府、法治社会一体建设”的要求，从科学立法、严格执法、公正司法、全民守法这四个方面全面推进依法治国，促进国家治理体系和治理能力现代化。

在“总抓手”和“工作基本格局”的关系问题上，“总抓手”是总揽全局、牵引各方的总要求；“工作基本格局”是分类部署、配合推进的具体要求。“总抓手”引领“工作基本格局”，而“工作

---

① 习近平：《关于〈中共中央关于全面推进依法治国若干重大问题的决定〉的说明》，载《人民日报》，2014-10-29。

基本格局”落实“总抓手”。这就是两者的辩证关系。

因此，我们应该根据我国法治工作基本格局，从立法、执法、司法、守法四大方面作出工作部署，在法治实践中逐步形成完备的法律规范体系、高效的法治实施体系、严密的法治监督体系、有力的法治保障体系、完善的党内法规体系，并进而把实践经验上升为理论，建构起中国特色社会主义法治理论。

关于科学立法，习近平总书记强调，实践是法律的基础，法律要随着实践发展而发展。我国形成了以宪法为统帅的中国特色社会主义法律体系，我们国家和社会生活各方面总体上实现了有法可依，这是我们取得的重大成就。要完善立法规划，突出立法重点，坚持立改废并举，提高立法科学化、民主化水平。要完善立法工作机制和程序，扩大公众有序参与，充分听取各方面意见，使法律准确反映经济社会发展要求，更好协调利益关系，发挥立法的引领和推动作用。这次全会根据这一思想提出，法律是治国之重器，良法是善治之前提。建设中国特色社会主义法治体系，必须坚持立法先行，发挥立法的引领和推动作用，抓住提高立法质量这个关键。要恪守以民为本、立法为民理念，贯彻社会主义核心价值观，使每一项立法都符合宪法精神、反映人民意志、得到人民拥护。要把公正、公平、公开原则贯穿立法全过程，完善立法体制机制，坚持立改废释并举，增强法律法规的及时性、系统性、针对性、有效性。一要健全宪法实施和监督制度，一切违宪行为都必须予以追究和纠正，决定将每年 12 月 4 日定为国家宪法日，在全社会普遍开展宪法教育，弘扬宪法精神，建立宪法宣誓制度。二要完善立法体制，加强党对立法工作的领导，完善党对立法工作中重大问题决策的程序，健全有立法权的人大主导立法工作的体制机制，依法赋予设区的市地方立法权。三要深入推进科学立法、民主立法，完善立法项目征集和论证制度，健全立法机关主导、社会各方有序参与立法的途径和方式，拓宽公民有序参与立法途径。四要加强重点领域立法，加快完善体现权利公平、机会公平、规则公平的法律制度，保障公民人身权、财产权、基本政治权利等各项权利不受侵犯，保障公民经济、文化、社会等各方面权利得到落实。五要实现立法和改革决策相衔接，做到重大改革于法有据、立法主动适应改革和经济社会发展需要。①

关于严格执法，习近平总书记强调，要加强宪法和法律实施，维护社会主义法制的统一、尊严、权威，形成人们不愿违法、不能违法、不敢违法的法治环境，做到有法必依、执法必严、违法必究。行政机关是实施法律法规的重要主体，要带头严格执法，维护公共利益、人民权益和社会秩序。执法者必须忠实于法律。各级领导机关和领导干部要提高运用法治思维和法治方式的能力，努力以法治凝聚改革共识、规范发展行为、促进矛盾化解、保障社会和谐。要加强对执法活动的监督，坚决排除对执法活动的非法干预，坚决防止和克服地方保护主义和部门保护主义，坚决惩治腐败现象，做到有权必有责、用权受监督、违法必追究。这次全会根据这一思想提出，法律的生命力在于实施，法律的权威也在于实施。各级政府必须坚持在党的领导下在法治轨道上开展工作，加快建设职能科学、权责法定、执法严明、公开公正、廉洁高效、守法诚信的法治政府。一要依法全面履行政府职能，推进机构、职能、权限、程序、责任法定化，推行政府权力清单制度。二要健全依法决策机制，把公众参与、专家论证、风险评估、合

① 参见《中共中央关于全面推进依法治国若干重大问题的决定》，载《人民日报》，2014－10－29。

法性审查、集体讨论决定确定为重大行政决策法定程序，建立行政机关内部重大决策合法性审查机制，建立重大决策终身责任追究制度及责任倒查机制。三要深化行政执法体制改革，健全行政执法和刑事司法衔接机制。四要坚持严格规范公正文明执法，依法惩处各类违法行为，加大关系群众切身利益的重点领域执法力度，建立健全行政裁量权基准制度，全面落实行政执法责任制。五要强化对行政权力的制约和监督，完善纠错问责机制。六要全面推进政务公开，坚持以公开为常态、不公开为例外原则，推进决策公开、执行公开、管理公开、服务公开、结果公开。①

关于公正司法，习近平总书记强调，我们提出要努力让人民群众在每一个司法案件中都感受到公平正义，所有司法机关都要紧紧围绕这个目标来改进工作，重点解决影响司法公正和制约司法能力的深层次问题。要坚持司法为民，改进司法工作作风，通过热情服务，切实解决好老百姓打官司难问题，特别是要加大对困难群众维护合法权益的法律援助。司法工作者要密切联系群众，规范司法行为，加大司法公开力度，回应人民群众对司法公正公开的关注和期待。要确保审判机关、检察机关依法独立公正行使审判权、检察权。这次全会根据这一思想提出，公正是法治的生命线。司法公正对社会公正具有重要引领作用，司法不公对社会公正具有致命破坏作用。为此，一要完善确保依法独立公正行使审判权和检察权的制度，建立领导干部干预司法活动、插手具体案件处理的记录、通报和责任追究制度，建立健全司法人员履行法定职责保护机制。二要优化司法职权配置，推动实行审判权和

① 参见《中共中央关于全面推进依法治国若干重大问题的决定》，载《人民日报》，2014－10－29。

执行权相分离的体制改革试点，最高人民法院设立巡回法庭，探索设立跨行政区划的人民法院和人民检察院，探索建立检察机关提起公益诉讼制度。三要推进严格司法，坚持以事实为根据、以法律为准绳，推进以审判为中心的诉讼制度改革，实行办案质量终身负责制和错案责任倒查问责制。四要保障人民群众参与司法，在司法调解、司法听证、涉诉信访等司法活动中保障人民群众参与，完善人民陪审员制度，构建开放、动态、透明、便民的阳光司法机制。五要加强人权司法保障。六要加强对司法活动的监督，完善检察机关行使监督权的法律制度，加强对刑事诉讼、民事诉讼、行政诉讼的法律监督，完善人民监督员制度，绝不允许法外开恩，绝不允许办关系案、人情案、金钱案。①

关于全民守法，习近平总书记强调，任何组织或者个人都必须在宪法和法律范围内活动，任何公民、社会组织和国家机关都要以宪法和法律为行为准则，依照宪法和法律行使权利或权力、履行义务或职责。要深入开展法制宣传教育，在全社会弘扬社会主义法治精神，引导全体人民遵守法律、有问题依靠法律来解决，形成守法光荣的良好氛围。要坚持法制教育与法治实践相结合，广泛开展依法治理活动，提高社会管理法治化水平。要坚持依法治国和以德治国相结合，把法治建设和道德建设紧密结合起来，把他律和自律紧密结合起来，做到法治和德治相辅相成、相互促进。这次全会根据这一思想提出，法律的权威源自人民的内心拥护和真诚信仰。人民权益要靠法律保障，法律权威要靠人民维护。因此，一要推动全社会树立法治意识，深入开展法治宣传

① 参见《中共中央关于全面推进依法治国若干重大问题的决定》，载《人民日报》，2014-10-29。

教育，把法治教育纳入国民教育体系和精神文明创建内容。二要推进多层次多领域依法治理，坚持系统治理、依法治理、综合治理、源头治理，深化基层组织和部门、行业依法治理，支持各类社会主体自我约束、自我管理，发挥市民公约、乡规民约、行业规章、团体章程等社会规范在社会治理中的积极作用。三要建设完备的法律服务体系，推进覆盖城乡居民的公共法律服务体系建设，完善法律援助制度，健全司法救助体系。四要健全依法维权和化解纠纷机制，建立健全社会矛盾预警机制、利益表达机制、协商沟通机制、救济救助机制，畅通群众利益协调、权益保障法律渠道。要完善立体化社会治安防控体系，保障人民生命财产安全。①

综上所述，我们在学习贯彻党的十八届四中全会精神的时候，既要认真研究我们要解决的问题，又要掌握我国法治工作的基本格局，从立法、执法、司法、守法四大方面全面推进依法治国，逐步形成中国特色社会主义法治体系。与此同时，还要从我国基本国情出发，同改革开放不断深化相适应，总结和运用党领导人民实行法治的成功经验，围绕社会主义法治建设重大理论和实践问题，推进法治理论创新，发展符合中国实际、具有中国特色、体现社会发展规律的社会主义法治理论，为依法治国提供理论指导和学理支撑。

四是，人民民主与依法治国的关系。

要深刻认识这次全会及其提出的依法治国行动纲领的意义，还必须认识到依法治国是在我国不断推进和深化政治体制改

① 参见《中共中央关于全面推进依法治国若干重大问题的决定》，载《人民日报》，2014－10－29。

革，不断完善和发展人民民主的过程中提出的，是我国改革开放 30 多年来在中国特色社会主义政治发展道路探索中取得的新进展。

我们在改革开放的实践中已经认识到，坚持党的领导、人民当家作主和依法治国的有机统一，是中国的政治体制改革和民主政治顺利发展必须恪守的根本原则。其中，人民是依法治国的主体和力量源泉。因此，处理好人民民主和依法治国的关系，对于建设社会主义法治国家具有十分重要的意义。

首先，我们要认识到，坚持依法治国，是为了保障人民民主。我们说这次全会是改革开放以来第一次专题研究和部署依法治国的全会，并不是说我们在改革开放这 30 多年中现在才刚刚提出依法治国。事实上，在党的十一届三中全会启动改革开放和社会主义现代化建设大业时，邓小平在总结“文化大革命”悲剧的经验教训，特别是总结毛泽东晚年犯错误的深刻教训过程中，就已经提出“为了保障人民民主，必须加强法制”①。这里，他不仅提出了要加强法制的问题，而且阐述了民主与法制的关系，即我们是为了保障民主才提出加强法制的。加强法制不是为了治民，而是为了民主。对于中国这样一个有着几千年专制主义传统的国家来说，强调这一点，非常必要，也非常重要。特别是他强调提出“必须使民主制度化、法律化，使这种制度和法律不因领导人的改变而改变，不因领导人的看法和注意力的改变而改变”②。邓小平提出的这些思想，既针对个人崇拜、官僚主义、一言堂的痼疾，又同“大民主”、无政府主义划清了界

①② 《邓小平文选》，2 版，第 2 卷，146 页。

限。与此同时，邓小平还提出了“有法可依，有法必依，执法必严，违法必究”① 这四大要求。这是因为，民主与法制密不可分。一个最典型的例子，就是“文化大革命”时期，由高呼“相信群众，依靠群众，尊重群众的首创精神”“实行巴黎公社式的民主”等口号开始，而不尊重宪法和法律的权威性，最后走向无政府主义和个人崇拜。因此，邓小平强调民主要制度化、法律化。这一论断到现在还经常被党和国家领导人引用，可见其针对性之鲜明、要求之明确、意义之重大。我们在全面推进依法治国的时候，一定要把握好保障人民民主要法治、法治要保障人民民主这一辩证关系。

其次，我们要认识到，坚持依法治国，是人民当家作主的中国治国方略的重大转变。我们都知道，改革开放以来，在依法治国的问题上，我们的认识是逐步提高和深化的，起初我们用的概念是“法制”，后来我们用的概念是“法治”。1996 年 2 月 8 日，在中共中央举办的中央领导同志法制讲座结束时，江泽民同志在讲话中第一次提出了“依法治国”这一概念。他说：“加强社会主义法制建设，依法治国，是邓小平建设有中国特色社会主义理论的重要组成部分，是我们党和政府管理国家和社会事务的重要方针。”② 1997 年 9 月 12 日召开的党的十五大系统地阐述了：“依法治国，就是广大人民群众在党的领导下，依照宪法和法律规定，通过各种途径和形式管理国家事务，管理经济文化事业，管理社会事务，保证国家各项工作都依法进行，逐步实现社会主义民主的制度化、法律化，使这种制度和法律不因领导人的改变而改变，

① 《邓小平文选》，2 版，第 2 卷，147 页。
② 《江泽民文选》，第 1 卷，511 页，北京，人民出版社，2006。

不因领导人看法和注意力的改变而改变。”[①] 特别是，十五大报告对依法治国在国家政治生活中作出了一个重要的定位：“依法治国，是党领导人民治理国家的基本方略，是发展社会主义市场经济的客观需要，是社会文明进步的重要标志，是国家长治久安的重要保障。”[②] 就是根据这一治理国家的基本方略，我们党提出了“建设社会主义法治国家”的任务。1999 年九届人大二次会议通过的宪法修正案，在宪法第五条第一款中规定：“中华人民共和国实行依法治国，建设社会主义法治国家。”[③] 党的十八大后，习近平同志进一步提出：“依法治国是党领导人民治理国家的基本方略，法治是治国理政的基本方式，要更加注重发挥法治在国家治理和社会管理中的重要作用，全面推进依法治国，加快建设社会主义法治国家。”[④] 这是中国近现代史上破天荒的大事，是中国共产党的治国理政思想和中华人民共和国治国方略的重大转变。

最后，我们要认识到，坚持依法治国，是为了坚持和完善社会主义民主，推进国家治理体系和治理能力现代化。根据现代治理理论，“民主”和“法治”是国家治理体系现代化的两个轮子。在“民主”和“法治”的关系问题上，“民主”又是“法治”的内核。法治，就是以集中反映人民根本利益和意志的法律，来治理国家。因此，法治的推进和健全，是民主是否完善的重要标杆。党的十八届三中全会在提出全面深化改革的总目标是完善和发展中国特色社会主义制度、推进国家治理体系和治理能力现代化时，也明确指出要“紧紧围绕坚持党的领导、人民当家作主、依法治

---

① 《江泽民文选》，第 2 卷，28～29 页，北京，人民出版社，2006。
② 同上书，29 页。
③ 《十五大以来重要文献选编》（上），808 页，北京，人民出版社，2000。
④ 《习近平谈治国理政》，138 页。

国有机统一，深化政治体制改革，加快推进社会主义民主政治制度化、规范化、程序化，建设社会主义法治国家，发展更加广泛、更加充分、更加健全的人民民主”。也就是说，我们完善社会主义民主，需要健全社会主义法治；我们建设社会主义法治国家，是为了坚持和完善社会主义民主。在建设社会主义法治国家过程中完善社会主义民主，就能够把我国建设成为一个具有现代化的国家治理体系的社会主义国家。

五是，党的领导与依法治国的关系。

在坚持党的领导、人民当家作主和依法治国这三者有机统一的原则中，坚持党的领导是人民当家作主和依法治国的根本保证。在中国，全面推进依法治国，建设社会主义法治国家，必须坚持而不能离开中国共产党的领导。这是一个需要认真研究和澄清的认识问题，又是一个大是大非的政治问题。在党的十八届四中全会上，习近平总书记对《决定》的起草工作做说明时，深刻地指出："党和法治的关系是法治建设的核心问题。"① 他还强调，对这一点，要理直气壮讲、大张旗鼓讲。要向干部群众讲清楚我国社会主义法治的本质特征，做到正本清源、以正视听。

为什么全面推进依法治国、建设社会主义法治国家，必须坚持而不能离开中国共产党的领导?

首先，党的领导是中国特色社会主义最本质的特征，是社会主义法治最根本的保证，在中国这样一个有几千年专制主义传统的国家推进依法治国离不开中国共产党的领导。中国共产党的领导地位不是自封的，而是历史的选择、实践的结论。1840 年鸦片

---

① 习近平：《关于〈中共中央关于全面推进依法治国若干重大问题的决定〉的说明》，载《人民日报》，2014－10－29。

战争以来，面对强大的反动势力和复杂的社会矛盾，中国社会从地主阶级革新派、农民领袖、资产阶级改良派，到资产阶级革命派，都想引领中国走向进步，但都没有成功。中华民族的独立和解放，是在中国共产党的领导下取得的；解决 13 亿人民温饱问题和初步建成小康社会，也是在中国共产党的领导下实现的。中华民族走向国家富强、民族复兴、社会文明和人民幸福，必须有一个坚强的领导核心，这个核心无可替代，就是执政的中国共产党。历史也已经证明，在中国，从民主革命到社会主义改造，从社会主义建设到改革开放，始终不渝地致力于推进依法治国的，也是中国共产党。这是因为，中国共产党不仅是中国工人阶级的先锋队、中国人民和中华民族的先锋队，有着不断与时俱进的科学理论的指导，而且在长期的实践中形成了为人民服务、实事求是、艰苦奋斗等优良传统，以及由此而生成的自觉抵制各种错误各种腐败的抗体。实践是最权威的。对于这一来自历史、来自实践的结论，是任何一家一派的理论都无法推翻的。今天，全面推进依法治国，建设社会主义法治国家，面对的困难和挑战绝不会少，我们不仅要排除来自国外的自由主义等各种思潮的干扰，还要克服来自我国社会几千年形成的封建专制主义和小生产思想的影响，克服自己头脑中种种幼稚的片面的思想观念的影响。要战胜这些国内外错误思潮或模糊观念的干扰影响，只有在中国共产党领导下才能做到。

其次，我国宪法确立了中国共产党的领导地位。我国宪法以根本法的形式反映了党带领人民进行革命、建设、改革取得的成果，确立了在历史和人民选择中形成的中国共产党的领导地位。我们讲坚持依法治国首先要坚持依宪治国，坚持依法执政首先要坚持依宪执政，其中就包括了要依宪坚持党的领导这一要求。从 1954 年制订中华人民共和国第一部宪法开始，就强调这是我们党执政的“总章程”。这个宪法是在中国共产党领导下制订的，是一部很好的社会主义类型的宪法。但是后来在实践中有一段时间执行得并不好，特别是“文化大革命”运动中发生的一系列严重错误行为，完全践踏了宪法和法律的权威性。能不能以此为据否定党的领导呢？不能！因为，这个时候恰恰是党的领导不能正常实施的时候，在“文化大革命”中甚至各级党委都被“踢开”了。也就是说，不是因为党的领导妨碍了宪法和法律的实施，而是破坏和否定党的领导才导致了宪法和法律不能有效实施。正是有了这个极其深刻的教训，我们党在拨乱反正中，一面重新提出要坚持党的领导，一面提出民主要制度化、法律化，进而提出要依法治国。党的十二大党章中也明确规定了“党必须在宪法和法律的范围内活动”①。党的十八届四中全会不仅没有回避这个问题，而且明确指出：“坚持党的领导，是社会主义法治的根本要求，是党和国家的根本所在、命脉所在，是全国各族人民的利益所系、幸福所系，是全面推进依法治国的题中应有之义。党的领导和社会主义法治是一致的，社会主义法治必须坚持党的领导，党的领导必须依靠社会主义法治。”②

最后，这也对党提出了极大的考验。《决定》指出，实现建设社会主义法治国家的总目标，必须坚持五项原则，这就是：坚持中国共产党的领导；坚持人民主体地位；坚持法律面前人人平等；坚持依法治国和以德治国相结合；坚持从中国实际出发。这些原则针对性非常强。在世界观多元化的今天，现实生活中，有人想以“依法治国”“依宪治国”为由否定党的领导，也有人会在“坚

① 《十二大以来重要文献选编》（上），68页，北京，人民出版社，1986。

② 《中共中央关于全面推进依法治国若干重大问题的决定》，载《人民日报》，2014-10-29。

持党的领导”名义下，无视党纪国法，甚至违宪反法。所以，必须看到今天坚持“依法治国”“依宪治国”面临着复杂的考验。在党内，尽管党在理性上已经认识到“依法治国”“依宪治国”的重要性，已经认识到党必须在宪法和法律范围内活动，但这并不是说在党内所有人都已经认识到这一点。《决定》中有一个亮点，就是明确提出可以通过加强和改进党的领导，来解决党的领导和社会主义法治的一致性问题。这就是，全会围绕加强和改进党对全面推进依法治国的领导，提出了“三统一”“四善于”，并作出了系统部署。所谓“三统一”，就是“必须坚持党领导立法、保证执法、支持司法、带头守法，把依法治国基本方略同依法执政基本方式统一起来，把党总揽全局、协调各方同人大、政府、政协、审判机关、检察机关依法依章程履行职能、开展工作统一起来，把党领导人民制定和实施宪法法律同党坚持在宪法法律范围内活动统一起来”①；所谓“四善于”，就是“善于使党的主张通过法定程序成为国家意志，善于使党组织推荐的人选通过法定程序成为国家政权机关的领导人员，善于通过国家政权机关实施党对国家和社会的领导，善于运用民主集中制原则维护中央权威、维护全党全国团结统一”②。因此，党的领导和社会主义法治一致性的问题，从本质上讲，是一个实践的问题。各级党委如果能够切实按照这“三统一”“四善于”的要求去做，就能够把文件中提出的“党领导人民制定宪法和法律，党带头在宪法和法律范围内活动”的要求变为现实。

概括起来，在处理党的领导和依法治国的关系时，一要解决认识问题，二要解决实践问题。这两个问题解决好了，党和法治

---

①② 《中共中央关于全面推进依法治国若干重大问题的决定》，载《人民日报》，2014-10-29。

关系这一法治建设的核心问题也就迎刃而解了，中国特色社会主义法治道路也就畅通无阻了。

六是，全面推进依法治国和法治队伍建设的关系。

事在人为。再好的设想没有人去做也不会变成现实。党的十八届四中全会不仅提出了建设社会主义法治国家的总目标和基本工作格局，而且强调指出“全面推进依法治国，必须大力提高法治工作队伍思想政治素质、业务工作能力、职业道德水准，着力建设一支忠于党、忠于国家、忠于人民、忠于法律的社会主义法治工作队伍”①。

首先，要按照建设社会主义法治国家的要求，打造依法治国三路高素质法治大军。这就是全会提出的，“加强立法队伍、行政执法队伍、司法队伍建设”②。同时，要畅通立法、执法、司法部门干部和人才相互之间以及与其他部门具备条件的干部和人才交流渠道，推进法治专门队伍正规化、专业化、职业化，完善法律职业准入制度，建立从符合条件的律师、法学专家中招录立法工作者、法官、检察官制度，健全从政法专业毕业生中招录人才的规范便捷机制，完善职业保障体系。加强法律服务队伍建设，增强广大律师走中国特色社会主义法治道路的自觉性和坚定性，构建社会律师、公职律师、公司律师等优势互补、结构合理的律师队伍。创新法治人才培养机制，形成完善的中国特色社会主义法学理论体系、学科体系、课程体系，推动中国特色社会主义法治理论进教材进课堂进头脑，培养造就熟悉和坚持中国特色社会主义法治体系的法治人才及后备力量。

其次，要适应形势发展需要，在建设法治专门队伍时把思想

---

①② 《中共中央关于全面推进依法治国若干重大问题的决定》，载《人民日报》，2014－10－29。

政治建设摆在首位。法治专门队伍不仅要有精湛的法学知识和业务，还要善于把握正确的政治方向。为此，就要结合历史经验的科学总结，加强马克思主义基本原理学习，加强中国特色社会主义理论体系学习，加强党的方针政策学习，加强社会主义核心价值观学习。在学习中提高自己的思想政治素质和驾驭复杂问题的能力。

最后，要根据全面推进依法治国的要求，加强领导依法治国的干部队伍建设。全会强调，坚持依法执政，各级领导干部要带头遵守法律，带头依法办事，不得违法行使权力，更不能以言代法、以权压法、徇私枉法。各级人大、政府、政协、审判机关、检察机关的党组织要领导和监督本单位模范遵守宪法法律，坚决查处执法犯法、违法用权等行为。与此同时，要加强党内法规制度建设，完善党内法规制定体制机制，形成配套完备的党内法规制度体系，运用党内法规把党要管党、从严治党落到实处，促进党员、干部带头遵守国家法律法规。要提高党员干部法治思维和依法办事能力，把法治建设成效作为衡量各级领导班子和领导干部工作实绩重要内容纳入政绩考核指标体系，把能不能遵守法律、依法办事作为考察干部重要内容。还要推进基层治理法治化，发挥基层党组织在全面推进依法治国中的战斗堡垒作用，建立重心下移、力量下沉的法治工作机制。

总之，正如习近平总书记所说的那样，全面推进依法治国是一个系统工程，是国家治理领域一场广泛而深刻的革命。这对于中国共产党来说，也是一场大考验。我们讲“办好中国的事情，关键在党”，办好中国的法治，关键也在党。我们有魄力进行这场革命，我们也一定有能力领导好这场革命。我们的目标一定能够达到！

九、在“四个全面”战略布局下提高党的领导能力

中国共产党和世界上许多政党不一样，不是选举党，因而也不是一个单纯的执政党，而是中国特色社会主义事业的领导核心，即整个中国社会的领导核心。我们强调全面从严治党，并在加强党的建设中“办好中国的事情”，不只是要提高党的执政能力，办好政权的事情，执好政、掌好权，而且有更大的志向、更高的追求，要在“四个全面”战略布局下提高党的领导能力，办好中国社会和中国人民的事情，即要为中国全面建成小康社会，并进一步为实现具有“富强、民主、文明、和谐”四个元素的社会主义现代化而奋斗，为实现中华民族伟大复兴的中国梦而奋斗。这就进一步凸显了我们坚持从严治党有多重要！

（一）欧盟为什么要为中国共产党生日举行座谈会和研讨会？

在讨论“党的领导能力”这个话题时，我想起了 2011 年 6 月底的欧盟之行。

那年 7 月 1 日，是中国共产党诞生 90 周年纪念日。我和许多理论工作者一样，都在准备论文，准备参加纪念会和研讨会。记得刚进入 6 月下旬，接到中联部的通知，要我带队去布鲁塞尔，出席欧盟总部举行的纪念中国共产党成立 90 周年的活动，然后到德国访问。我去欧盟总部，有两个任务：一是在欧盟总部举行的中国共产党成立 90 周年座谈会上发表主旨讲演；二是出席在欧盟总部举行的有欧美各国专家学者参加的“中国共产党机制”研讨会。这让我很感兴趣，因为世界上为中国共产党过生日的，要么是别的社会主义国家，要么是别的国家的共产党或左翼政党，而欧盟为什么要搞这样的活动呢？这是我非常想了解的。

到了布鲁塞尔已是傍晚，他们请我们吃晚饭。在聊天的时候，我提出了想了解的问题。他们的回答非常有意思。

他们说，欧盟总部之所以要搞这样的活动，是因为从 2008 年美国次贷危机引发的全球金融危机以来，世界各国进入同一个考场，参加同一场考试。结果，你们中国考出了一个好成绩，那我们就需要了解中国为什么能够考出好成绩。而大家都知道，中国的体制和我们的不一样，是中国共产党领导的国家，那就要了解你们党是怎么领导国家经历这场考试的。

我认为，这一番对话尽管很简短，但他们确实看到了问题的实质，这就是：要了解中国，必须了解中国共产党。

第二天的座谈会和第三天的研讨会，同他们进行的交流也对我们有很大的启发。比如，他们关心的问题，包括中国共产党是一个什么样的政党，中国共产党那么多的党员是怎么组织起来的，中国共产党是怎么执政的，中国共产党是怎样决策的，中国共产党的决策是怎样执行的，中国共产党是怎么形成统一的意志和行动的，中国共产党的干部是怎么选拔的，是不是用民主的方法选拔出来的，中国共产党那么多的党员是怎么“拉”进来的，等等。

欧盟之行，在我的脑海里留下了深刻的印象。从中我们可以悟出哪些值得思考的道理呢?

第一，了解中国，就要了解中国共产党；研究中国，必须研究中国共产党。我从欧盟和德国回国后立即赶到北京京西宾馆，参加国内的纪念中国共产党成立 90 周年理论研讨会。在会上，看到我们的论文中尽管有不少是阐述我们党的基本理论和重大实践的，但没有我在欧盟回答的那些题目。这就启迪我们，我们研究中国问题，是不是也应该研究研究诸如此类关于中国共产党的基本问题呢? 国际社会许多人想了解的，我们自己是否也都了解呢?

第二，了解中国和中国共产党，最好的方法，是把中国和中国共产党放到世界各国共同面临的危机或挑战中去研究。正如他们所说的，从 2008 年美国次贷危机引发的全球金融危机以来，世界各国进入同一个考场，参加同一场考试，而他们同时又注意到中国和中国共产党在这场大考中考出了一个好成绩，然后再思考和研究是什么样的体制和机制使中国共产党能够考出这样一个好成绩。

第三，了解中国和中国共产党，应该把中国和中国共产党放到世界的大环境中去做历史的客观的比较研究。在欧盟总部我参加的这两场活动，最大的特点就是进行比较。参加对话和研讨的人有各种各样的比较法，但最能够说服人的是历史的客观的比较。所谓历史的比较研究，就是在比较研究中注意到中国和其他国家的历史发展进程之间的异同，而不是简单地褒贬对方。所谓客观的比较研究，就是没有简单地从概念出发，不把对方或己方在自己的历史和实践中形成的概念套到己方或对方的实践中去，而是注重比较实践的结果和成效。在研讨会上也有一些学者抓住“民主”“自由”这样的抽象概念做文章，但大多数学者听了我们关于中国共产党决策机制和干部选拔办法的介绍，都认为不能说中国共产党实行的是专制，而是民主，连原来认为我们是专制主义的也改口说：“你们实行的是集权民主”。

有的学者曾经说过，过去我们常讲“成绩不说跑不掉，问题不说不得了”。事实上，在今天的中国和世界上，成绩不说人家不知道，甚至会把成绩说成是问题；问题不说自己不清醒，甚至会把不足看作优点。因此，成绩和问题都应该说，说的目的是要清醒，清醒地认识自己，清醒地认识我们的国家，清醒地认识我们的党，并在此基础上切切实实加强党的建设，坚持从严治党，通过党的建设提高党的领导能力，促进党的事业健康快速发展。

从这个话题再引申出去，需要清醒地意识到的是：要提高党的领导能力，除了要提高党掌握政权即执政的能力，还要提高党顺应社会和时代的进步潮流、驾驭社会复杂局面的能力。

我们只要环顾四周，就可以发现，社会变化太大了，中国变化太快了。在这里，我们不作抽象的概括，只作具象的描述。也就是说，只要看一看我们身边发生的事，就可以对今天的时代潮流发展走势有所感悟、有所体会。

走进地铁，可以发现几乎每个人都在低头看手机。有的看新闻，有的读短信，有的看视频，有的玩游戏，也有的在读网络小说。这种景观，十年前有吗？没有。

走进社区，顺风、宅急送、中通、申通、圆通、韵达等快递公司的送货车，来来去去；有送信件书籍的，有送吃的穿的，有送家用电器护肤品的，送什么的都有。这种景观，十年前有吗？没有。

与快递公司迅速发展相联系的，是淘宝网、天猫商城、京东商城等进入亿万家庭生活，网店成为人们购物的首选。这种景观，十年前有吗？没有。

走进家里，几乎家家有电视电脑，家家在上网，这种情况世纪之交已经出现，现在，电视已经和电脑、手机的互联网联网，人们既可以坐在家里用遥控器在电视上或用鼠标在电脑上自主选择看电影、听养生讲座、购物，也可以用手机看电视电影，用手机发微信打视频电话，甚至用手机的支付宝缴款。现在，既有文字又能显示视频的多媒体图书也可以用手机阅看了。这种景观，十年前有吗？没有。

出行坐公交、叫出租车早已成为人们生活的组成部分。现在，“滴滴打车”“优步打车”风靡全国，手机一拨，座车就到。这种景观，十年前有吗？没有。

至于哪个地方发生了什么事，大到像天津港的大爆炸，小到四川凉山小学生写的“饭做好，去叫妈妈，妈妈已经死了”这样悲伤的作文，都可以通过互联网迅速传遍海内外。这种情况，十年前有吗？没有。

不久前，去浙江湖州参加“绿水青山就是金山银山”研讨会，看到十年前习近平同志去视察过的余村，从破坏生态开山卖石头，转变为保护绿水青山发展旅游经济、果木经济、农家乐，农民收入成倍增长。“七山二水一分田”的浙江，到处在推进“五水共治”。那里正在从保护生态转向发展“绿水青山”型的生态经济。而这样的绿色经济、低碳经济在全国许多地方都悄然出现。这种景观，十年前有吗？没有。

再看看世界，过去全球的事由几个大国说了算，先是G7，后来加了俄罗斯成了G8，现在俄罗斯又出来了，自从2008年国际金融危机爆发以来，G20出现了，中国也由此从世界的边缘走进了世界的中心舞台，参与了全球经济治理。这种情况，十年前有吗？没有。

每年中国放节日长假，从中国周边的韩国、日本、泰国，到大洋彼岸的美国，再到欧洲，各个国家大城市的商家都下功夫，千方百计吸引中国游客，做中国人的生意。“中国大妈”名扬四海。这种情况，十年前有吗？有，但没有今天那么引人注目。

在经济全球化态势下，中国经济与世界经济的联系越来越紧密。2015年8月22日，我去看望来自美国的朋友，他见面就告诉我，昨天美国的股市因中国经济的因素大跌。回家看《参考消息》，果然有这样的报道，“道指跌至年内新低”“欧洲股市继续下挫”“新兴市场货币普跌”，这些标题下的报道都说近期股市下挫和中国经济有关联。尽管世界股市下挫和中国经济有没有关联是可以讨论的，但是经济全球化发展到今天，中国经济和世界经济的联系越来越紧密，这是事实。这种情况，十年前有吗？有，但也没有今天那么引人注目。

仅以这十例，就可以看到中国和世界发生了多大的变化！这种种变化，概而言之，就是现代化、信息化、低碳化、全球化。这样的变化，不仅深刻，而且广大，已经直接传递到老百姓的日常生活领域，成为一种时代潮流。

研究中国特色社会主义的发展走势，研究当今中国的国家治理，研究中国共产党领导现代化的能力，不能不看到日常生活中发生的这些与时代潮流变动相联系的巨大变化。看到这样的变化，能不能思考三个问题呢?

第一，中国发生那么大的变化，是不是中国共产党治国理政的成就?

第二，中国发生那么快的变化，中国共产党有哪些还不适应?是不是还要继续与时俱进?

第三，时代潮流出现那么急剧的变化，为中国特色社会主义的发展提供了什么样的机遇和挑战?我们应该怎么样抓住机遇、应对好挑战?中国共产党应该怎么样进一步提高自己的领导能力?

我们确实要思考一下，在这样的时代潮流冲击下，过去那种领导一言九鼎的领导方式在今天的年轻人那里还行得通吗?在信息化条件下，过去那种垂直的行政管理体系还能继续下去吗?过去那种说了可以不做、做了无人监督的局面还能够维持下去吗?换言之，这些变化对我们的党提出了什么新要求呢?这是我们必须认真思考的。

思考的结果，就是党要顺应时代发展的进步潮流，更好地坚持以人民为主体，把脚走进基层和社区，把心和人民群众连在一起，全心全意为人民服务；更有力地在各个领域推进民主政治建设，包括发挥互联网在民主政治建设中的作用，健全协商民主特别是基层协商民主，扩大公民有序的政治参与，让公民有地方知情和说话、有机会参与和监督；更自觉地推进依法治国，特别是党要更自觉地坚持在宪法和法律范围内活动，公民能够依法维权；更务实地以保障和改善民生为出发点发展国民经济，让人民群众共享改革和发展的成果；更有力地推进反腐倡廉，把权力关进制度的笼子，让社会风气更加干净；更努力地维护世界和平，参与全球经济治理，促进共同发展。

诸如此类思考，汇总起来，就是一个目标：提高党的领导能力，完善和发展中国特色社会主义制度，推进国家治理体系和治理能力现代化，造福广大人民群众。

（二）在协调推进“四个全面”中提高党的领导能力

“治大国若烹小鲜。”在人类已经进入21世纪的今天，习近平总书记对中国古代先哲老子这一富有哲理的古训，赋予了全新含义。他提出的“全面建成小康社会”“全面深化改革”“全面依法治国”“全面从严治党”这“四个全面”，坚持和发展了中国特色社会主义，为我们在今天复杂局面下治好国理好政，制定了一个引领各项工作顺利推进的战略布局。

首先，我们要认识到，“四个全面”战略布局坚持和发展了中国特色社会主义。习近平总书记曾经说过：“坚持和发展中国特色社会主义是一篇大文章，邓小平同志为它确定了基本思路和基本原则，以江泽民同志为核心的党的第三代中央领导集体、以胡锦涛同志为总书记的党中央在这篇大文章上都写下了精彩的篇章。现在，我们这一代共产党人的任务，就是继续把这篇大文章写下去。”[①] 显而易见，这篇大文章的主题词是“中国特色社会主义”，续写的重点是“坚持和发展”。“四个全面”这一治国理政战略布局的提出，在理论上的重大意义，就是在新的时代条件下，坚持和发展了中国特色社会主义。

这首先是因为，“四个全面”是在坚持中国特色社会主义基本经验基础上发展中国特色社会主义的战略布局。在“四个全面”中，每一个“全面”都和中国特色社会主义的基本经验相联系，都有重大的战略意义。“全面建成小康社会”是坚持和发展中国特色社会主义的阶段性目标；“全面深化改革”脱胎于改革开放这一强国之路和发展的根本动力，又在“全面”和“深化”上发展了“强国之路”和“根本动力”；“全面依法治国”也是在坚持依法治国这一基本治国方略的同时，在“全面”和“推进”上发展了这一确保党和国家长治久安的治国方略；“全面从严治党”同样在“关键在党”这一根本问题上坚持和发展了新时期党的建设新的伟大工程。也就是说，“四个全面”这一战略布局，就是我们坚持和发展中国特色社会主义的战略布局。

特别是，我们今天已经认识到中国特色社会主义是经济、政治、文化、社会、生态文明建设“五位一体”的中国特色社会主义，我们今天所要全面建成的小康社会也是“五位一体”的小康社会。在“四个全面”中，由于“全面深化改革”“全面依法治国”“全面从严治党”是实现“全面建成小康社会”这一战略目标的战略举措，在这个意义上，我们也可以说它们是实现“五位一体”的中国特色社会主义及其阶段性目标的战略举措。

其次是因为，“四个全面”相辅相成、相互促进、相得益彰，

---

① 《习近平谈治国理政》，23页。

提升了我们在中国特色社会主义道路上全面建成小康社会的全面性、整体性、协同性。习近平总书记说，这“四个全面”，每一个“全面”都有重大战略意义。在“四个全面”中，第一次将全面建成小康社会，定位为“实现中华民族伟大复兴中国梦的关键一步”；第一次将全面深化改革的总目标，确定为“完善和发展中国特色社会主义制度、推进国家治理体系和治理能力现代化”；第一次明确全面推进依法治国的总目标，是“建设中国特色社会主义法治体系，建设社会主义法治国家”；同时，我们也知道，全面从严治党，就是要围绕加强党的执政能力建设、先进性和纯洁性建设这条主线，把我们党建设成为一个学习型、服务型、创新型的马克思主义执政党，确保党始终成为中国特色社会主义事业的坚强领导核心。显然，“四个全面”不是简单的并列关系，而是有机联系、相互贯通的顶层设计。因此，习近平总书记要求我们：“努力做到‘四个全面’相辅相成、相互促进、相得益彰。”①

最后是因为，“四个全面”破解了建设中国特色社会主义必须“两手抓”的难题。在邓小平开辟中国特色社会主义道路的过程中，他一再强调要在社会主义现代化建设和改革开放中坚持“两手抓”。1979 年 6 月 28 日，邓小平在论述民主和法制关系时明确指出：“民主要坚持下去，法制要坚持下去。这好像两只手，任何一只手削弱都不行。”② 1982 年 4 月 10 日，邓小平在《坚决打击经济犯罪活动》中强调：“我们要有两手，一手就是坚持对外开放和对内搞活经济的政策，一手就是坚决打击经济犯罪活动。”③ 但是

① 习近平：《领导干部要做尊法学法守法用法的模范 带动全党全国共同全面推进依法治国》，载《人民日报》，2015-02-03。

② 《邓小平文选》，2 版，第 2 卷，189 页。

③ 同上书，404 页。

我们许多同志对于邓小平的“两手抓”的思想，领会不透，执行不力。20 世纪 80 年代末 90 年代初发生国内外政治风波的时候，邓小平谈到他虽然提出要“两手抓”，“但今天回头来看，出现了明显的不足，一手比较硬，一手比较软。一硬一软不相称，配合得不好”①。因此，在 1992 年南方谈话中，他提出了“两手抓，两手都要硬”的重要思想。② 邓小平强调的“两手抓，两手都要硬”，从根本上说，就是坚持唯物辩证法的“两点论”，把对立的两个方面有机地结合起来，有力地贯彻到实践中去。但是，怎么把这一整套“两手抓”方针有机地结合起来，全面地落实下去，始终是一个实践中的难题。今天，以习近平同志为总书记的党中央在破解这一难题的时候，把这一整套“两手抓”的方针整合起来，概括和拓展为“四个全面”的战略布局，这就使得我们坚持和发展中国特色社会主义，有了更为清晰的并且可以统领各项工作的总思路、总布局。

由此引出一个大问题，正因为协调推进“四个全面”是一篇充满“两手抓”辩证法的大文章，它必定是一场对党的“两手抓”的领导能力的大考验。

之所以这样说，是因为“四个全面”中包含了对我们党的领导和执政能力的三个大考验。

考验之一，是如何使“1＋3”成为一个宏大而又完美的战略布局。这本小书已经多处引用过习近平总书记说过的一段话，这就是：在“四个全面”中，全面建成小康社会是战略目标，全面深化改革、全面依法治国、全面从严治党是 3 个战略举措。也就是

---

① 《邓小平文选》，1 版，第 3 卷，306 页。

② 参见上书，378 页。原话是：“要坚持两手抓，一手抓改革开放，一手抓打击各种犯罪活动。这两只手都要硬。”

说，尽管“四个全面”每一个“全面”都有重要意义，但有“战略目标”和“战略举措”之别，不能等量齐观。“四个全面”实际上是“1+3个全面”。只有处理好“1”与“3”的关系，让“战略目标”和“战略举措”构成一个有机的整体，才能成为一个战略布局。这就要求我们，为了实现全面建成小康社会的战略目标，必须始终坚持全面深化改革、全面依法治国、全面从严治党这三大战略举措，决不能再出现过去一些人要么不改革、不思进取，要么以改革发展为名胡作非为，甚至贪赃枉法等祸害党和国家的做法；同样的道理，无论全面深化改革，还是全面依法治国、全面从严治党，都要始终围绕全面建成小康社会这一战略目标，而不能偏离甚至冲击这一战略目标，这是关系到我们整个社会主义现代化和民族复兴大局的重大问题，是对我们的领导能力和执政能力的大考验。

考验之二，是如何使“2+2”成为一个宏大而又完美的战略布局。改革开放以来，中国发生了天翻地覆的变化，这种变化体现在思想大解放、生产力大解放，这是有目共睹的事实。溯源这些变化，就在于改革把中国社会内在的生机和活力极大地激发了出来。然而，就在我们把中国搞活的同时，出现了许多乱象，包括党内腐败从滋生到蔓延，引起人们对国运的担心。事情就是这样复杂，搞活，不能搞乱；治乱，也不能治死。这就要求建设一个活而有序的社会，解决伴随改革发展而来的种种矛盾和问题，把中华民族的复兴大业推进到一个崭新阶段。在这个阶段，建设一个什么样的国家治理体系、怎样治理国家的问题凸显出来了。这就是以习近平同志为总书记的党中央所处的时代背景及其肩负的时代使命。“四个全面”中，前两个“全面”，要求我们在全面深化改革中进一步解放和激发社会活力，实现全面建成小康社会的战略目标；后两个“全面”，要求我们通过全面依法治国、全面从严治党以预防、避免和克服“活”中出“乱”。所以，坚持“四个全面”要处理好“2”与“2”的关系，兼顾“激活”和“治乱”两个方面的要求。这是一个典型的对立统一的关系，只有坚持科学的领导方法，运用娴熟的领导艺术，才能使之有机地统一起来而不是相互抵消，成为一个完美而有效的战略布局。

考验之三，是如何使“3＋1”成为一个宏大而又完美的战略布局。实践告诉我们，全面建成小康社会，关键在党；全面深化改革，关键在党；全面依法治国，关键也在党。坚持“四个全面”要处理好“3”与“1”的关系。因此，我们说全面从严治党，既是实现全面建成小康社会的根本保障，也是全面深化改革、全面依法治国的根本保障。但是，事实上，问题并没有像我们这里说的这么简单，在全面从严治党包括雷厉风行开展反腐败斗争中，如何确保全面建成小康社会目标的实现，如何推进全面深化改革和全面依法治国，是一篇非常复杂的文章。只有在坚定不移开展反腐败斗争、坚持从严治党过程中，把解决党内存在的种种问题同激发发展、改革、法治的活力很好地结合起来，使之更好地发挥相辅相成、相互促进、相得益彰的正能量，才能使“四个全面”成为一个治国理政的战略布局。

通过这样的讨论和解析，我们可以注意到，“四个全面”战略布局中包含了邓小平提出的一系列“两手抓”方针，把各个方面的“两手抓”整合为一个以“全面建成小康社会”为战略目标的战略大布局。因此，学习落实“四个全面”战略布局，不能只是把它写在讲话和文件中而不领会其深刻的内涵，不能浅表层地领会其字句而不把握其内在的辩证关系，也不能只是一般地讲道理而不用心思下功夫去处理好这些重大关系。我们的责任，就是要通过全面从严治党，在协调推进“四个全面”上做出一篇好文章，实现我们的战略布局。

（三）以发展新理念引领中国大趋势

一段时期来，人们都关注着中国，特别是关注着中国的经济走势。2015 年 8 月 21 日纽约股市波动，说是中国经济造成的；2015 年二季度中国经济增长 7%，说数据有水分，实际增长不到 5%；2015 年三季度中国经济增长 6.9%，全球议论中国破 7。这种种舆论，人们可以做这样那样的分析和评论，但所有的说法都改变不了中国稳中求进的坚定步伐。

现在，可以让人们眼前一亮了。2015 年 10 月底召开的党的十八届五中全会审议通过的关于制定“十三五”规划的建议，不仅为国务院编制规划纲要提供了明确的指导思想、基本原则、目标要求、基本理念和重大举措，而且向世人表达了中国的战略、中国的自信、中国的决心。其中，最让人振奋的是，党中央提出的创新、协调、绿色、开放、共享发展的新概念，拨开了妨碍人们认识中国的雾霾，以这一中国化马克思主义政治经济学的最新成果，展示了中国的前进方向和攻坚克难的大思路、大战略、大趋势。

习近平总书记指出：“发展理念是发展行动的先导，是管全局、管根本、管方向、管长远的东西，是发展思路、发展方向、发展着力点的集中体现。”① 关于创新、协调、绿色、开放、共享发

① 习近平：《关于〈中共中央关于制定国民经济和社会发展第十三个五年规划的建议〉的说明》，载《人民日报》，2015-11-04。

展的新理念的现实意义，用一句话来概括，就是它是我们破解经济新常态下各种问题、全面建成小康社会并实现“两个一百年”奋斗目标的行动先导，指明了中国发展的大趋势。

第一，这一发展新理念指明了破解经济新常态下各种问题的根本路径，展示了中国在创新驱动下国民经济持续健康发展的大趋势。从 1978 年到 2010 年我国 GDP 年均增长 9.98%，持续 30 多年高速增长，这两年开始减速。我们认为，经济新常态表面上是速度问题，实际上是结构调整的问题。我们注意到，这两年东部下行偏多，中西部还有增长的。东部有下行，也有较快增长的，比如深圳。还有像重庆这样的直辖市，还是两位数增长。它们的经验是什么？就是比较自觉比较早地开始了经济结构调整。所以，习近平总书记用“速度变化、结构优化、动力转换”[①] 这 12 个字来描述新常态。在这种新常态下，我们应该怎么应对？习近平总书记提出，对于经济新常态要“适应、把握、引领”。这六个字体现了历史唯物主义的科学精神，非常好。适应它、把握它、引领它，就有一个怎么发挥主观能动性的问题，就有一个树立什么样的发展理念的问题。

党中央提出的创新、协调、绿色、开放、共享发展的新理念，其理论贡献和新的亮点是突出用创新驱动取代要素驱动，增强发展的内在动力。中国的发展利用劳动力红利的阶段已经走到尽头，消费、投资和出口拉动也需要原创性科技成果支撑，与此同时，新的科技革命正在蓄势待发，创新驱动的阶段正在到来，这是一幅全新的发展图景。强调“绿水青山就是金山银山”的绿色发展，

① 习近平：《关于〈中共中央关于制定国民经济和社会发展第十三个五年规划的建议〉的说明》，载《人民日报》，2015-11-04。

是新阶段新发展的重要亮点，不仅着眼于可持续发展，而且将创造大量新的发展业态。坚持对内协调发展、对外开放发展，是实现全面发展的一个重要举措。通过协调发展实施“京津冀一体化”“长江经济带”，通过开放发展推进“一带一路”，这是极其重要的发展思路。而且，这次“十三五”规划与以往的五年规划相比，第一次在全球视野下制定规划，第一次把像“一带一路”这样的战略写进规划当中。至于坚持人民为主体的共享发展，有助于更好地把发展、民生、社会建设融为一体。当然，一个社会的不平衡是绝对的，平衡是相对的。比如脱贫，改革开放以来，我们已经减少6亿多贫困人口，成绩巨大，但按照中国贫困线标准2 300元测算，还有7 000多万贫困人口，到2020年全面建成小康社会后，可能还剩一两千万贫困人口，到那时就由政府兜底全包下来。

因此，创新、协调、绿色、开放、共享发展的新理念，就是要我们尊重客观规律性，发挥主观能动性，掌握经济新常态下工作主动权。这一发展新理念，指明了中国发展的大趋势和我们努力的方向。

第二，这一发展新理念是全面建成小康社会决胜阶段的决胜之策，展示了中国在全面深化改革中实现中国第一个百年奋斗目标的大趋势。党的十六大提出要紧紧抓住21世纪头20年这一重要战略机遇期，全面建设小康社会。这一重要奋斗目标，丰富和发展了邓小平提出的“三步走”发展战略，也是我们党对人民群众庄严的郑重的政治承诺。“十三五”时期，是全面建成小康社会的最后五年，是冲刺阶段、决胜阶段。与此同时，我们认识到，当前发展还面临许多问题，即“短板”，包括在多年发展中积累的农村贫困、社会事业发展滞后、生态保护不力、民生欠账较多等问题。党的十八届五中全会提出的创新、协调、绿色、开放、共享发展的新理念，针对的、要解决的就是这些问题。这一发展新理念，为在全面深化改革中实现中国第一个百年奋斗目标，指明了中国发展的大趋势。

第三，这一发展新理念是协调推进“四个全面”战略布局、实现“两个一百年”奋斗目标的行动指南，展示了中国充满自信奔向现代化的大趋势。也就是说，这样的发展新理念，不仅将指导我们解决经济新常态下的各种问题，指导我们制定和完成“十三五”规划，而且将指导我们实现两个“一百年”的奋斗目标，实现民族复兴的中国梦。“十三五”规划是连接两个“一百年”，即实现第一个“一百年”并为第二个“一百年”打下坚实基础的发展纲要。事实上，我们这次编制“十三五”规划的任务，不仅要完成全面建成小康社会的奋斗目标，还要为这以后 30 年基本实现现代化打下坚实的基础。

为了实现这“两个一百年”的奋斗目标和中国梦，以习近平同志为总书记的党中央自十八大以来，励精图治，谋篇布局，先是提出了“四个全面”战略布局，现在又提出了创新、协调、绿色、开放、共享发展这一发展新理念。这一发展新理念，是我们协调推进“四个全面”战略布局、实现“两个一百年”的奋斗目标和“中国梦”科学理念，展示了中国充满信心奔向现代化的大趋势。

总之，创新、协调、绿色、开放、共享发展的新理念，“发展”是主题词，“创新、协调、绿色、开放、共享”是时代新要求。这一中国化马克思主义政治经济学的重要成果，既是我们制定“十三五”规划的基本理念，更是我们协调推进“四个全面”战略布局、实现“两个一百年”奋斗目标的关键，同时也凸显了中国共产党的领导和执政能力。

（四）提高党领导经济社会发展的能力

我们都知道，党的领导是中国特色社会主义制度的最大优势。“十三五”时期是全面建成小康社会决胜阶段，我们要顺利实现“十三五”规划，必须加强和改善党的领导，完善党领导经济社会发展工作体制机制和能力。

党的十八届五中全会围绕提高党领导经济社会发展的能力，强调了六个问题：一是要完善党领导经济社会发展工作体制机制，二是党要善于动员人民群众团结奋斗，三是党要有办法发现、培养和集聚人才，四是党要会运用法治思维和法治方式推动发展，五是党能够加强和创新社会治理，六是各地都能够从实际出发落实“十三五”规划纲要和专项规划。① 这是非常有针对性的能力建设要求。

第一，要提高完善体制机制的能力。正如党的十八届五中全会所分析的，我国发展仍处于可以大有作为的重要战略机遇期，也面临诸多矛盾叠加、风险隐患增多的严峻挑战。我们不仅要准确把握战略机遇期及其内涵的深刻变化，更加有效地应对各种风险和挑战，而且要完善把握机遇、科学决策的体制机制。为此，党的十八届五中全会提出要在坚持党总揽全局、协调各方，发挥各级党委（党组）领导核心作用的前提下，加强制度化建设，改进工作体制机制和方式方法，提出了完善党的领导能力的三大举措：一是强化全委会决策和监督作用。② 按照党章规定，党代会和它所产生的中央委员会是党的最高领导机关，地方各级党代会和

---

①② 参见《中共中央关于制定国民经济和社会发展第十三个五年规划的建议》，载《人民日报》，2015－11－04。

它们所产生的委员会是党的地方各级领导机关。在党代会闭会期间，由全委会执行党代会决议（地方全委会还要执行上级党组织的指示）、领导党的工作。因此，在中央，全委会每年至少举行一次；在地方，全委会每年至少召开两次。至于全会选举产生的常委会（在中央包括政治局委员和政治局常委），是“行使全委会职权”的，要向全委会报告工作并接受全委会的监督。由于全委会有这样法定的“领导”职能，代表性广，人数也多于常委会成员，有利于决策的科学化民主化，这几年有些地方根据党章规定，正在探索一年开多次全委会，重大决策都由全委会来决定。这次提出“强化全委会决策和监督作用”，是扩大和健全党内民主的重大举措，也是提高党的领导能力的重大决定。二是健全决策咨询机制。① 由于党领导经济社会发展主要是把握方向，谋划全局，提出建议，制定政策，推动立法，营造良好环境，和政府的职能不一样，因此加强党领导经济社会发展的能力，主要体现在怎么样做好决策上。党的十八届五中全会由此提出党要“提高决策科学化水平，完善党委研究经济社会发展战略、定期分析经济形势、研究重大方针政策的工作机制”。三是完善信息发布制度。② 这是提高决策民主化的重要举措。这些体制机制性的决定，是提高党的领导能力的重要举措，也是提高党的领导能力的具体表现。

第二，要提高动员人民群众的能力。全面建成小康社会，实现“两个一百年”的奋斗目标和中国梦，是亿万人民自己的事业，只有动员亿万人民群众积极参与才能完成。事实上，自从有政党以来，任何一个政党，都要具有动员人民群众的能力，没有这种

---

①② 参见《中共中央关于制定国民经济和社会发展第十三个五年规划的建议》，载《人民日报》，2015-11-04。

能力就无法存在和发展。中国共产党是中国工人阶级的先锋队，也是中国人民和中华民族的先锋队，在长期的实践中形成了中国其他政党都难以比及的群众动员力。但是这种动员力既不是天生的，也不是永远固有的，关键要看党决策的正确性人民性，要看党的领导方式的民主性，要看党宣传组织群众的广泛性，要看党与人民群众关系的紧密性，要看人民群众参与的自觉性。这次党的十八届五中全会为落实“十三五”规划纲要，强调要“充分发扬民主，贯彻党的群众路线，提高宣传和组织群众能力，加强经济社会发展重大问题和涉及群众切身利益问题的协商，依法保障人民各项权益，激发各族人民建设祖国的主人翁意识”①，以及关于加强思想政治工作的要求、巩固和发展最广泛的爱国统一战线，都是着力于提高党的动员群众的能力。

第三，要提高广揽人才的能力。实践证明，尊重知识，尊重人才，才有现代化；没有知识，没有人才，就没有现代化。现在，中国的现代化已经进入互联网时代，更需要大批与此相适应的人才。对于在中国领导现代化的中国共产党来讲，过去重视人才，今天更要重视人才。因此党的十八届五中全会提出了“加快建设人才强国”② 的任务，并且作出了两大决策：一是推动人才结构战略性调整，突出“高精尖缺”导向，实施重大人才工程，着力发现、培养、集聚战略科学家、科技领军人才、企业家人才、高技能人才队伍。为此实施更开放的创新人才引进政策，更大力度引进急需紧缺人才，聚天下英才而用之。同时，政府引导和企业、高校、科研院所、社会组织、个人有序参与相结合，开发和引进人才。二是优化人力资

①② 《中共中央关于制定国民经济和社会发展第十三个五年规划的建议》，载《人民日报》，2015－11－04。

源配置，清除人才流动障碍，提高社会横向和纵向流动性，同时破解当下在人才问题上的种种难题。这两大举措，一言以概之，就是要提高党广揽人才的能力。

第四，要提高依法推动发展的能力。我们已经提出要全面依法治国，这就要求我们在领导经济社会发展的时候，学会运用法治思维和法治方式推动发展，全面提高党依据宪法法律治国理政、依据党内法规管党治党的能力和水平。这是一项宏大的工程，需要在立法、执法、司法、守法四个环节上全面推进。党的十八届五中全会提出了这个问题和解决这个问题的努力方向。

第五，要提高创新社会治理的能力。在我国走向现代化的进程中，现在处于一个被世界上许多人称为“中等收入陷阱”的阶段；社会主义市场经济的发展又推动公民由“单位人”转化为“社会人”；由城乡居民自治的社区也刚刚建立起来；许多人的素质还不能适应中国社会急剧的变化。这种种新情况，亟须我们学会加强和创新社会治理。但是我们也有自己的优势，这就是我们党有 430 多万个基层党组织、8 700 多万名党员，这是加强和创新社会治理、推动经济社会发展、实现党的执政使命强大的组织资源和组织优势；而且，我们的基层党组织不仅是政治组织，是坚强的战斗堡垒，还是服务型组织，具有服务功能，可以在服务中体现党的政治优势。党的十八届五中全会提出的加强和创新社会治理的要求，内容丰富，非常具体，有利于全面提高党创新社会治理的能力。

第六，要提高实干的能力。习近平总书记强调：“‘十三五’时期我国发展，既要看速度，也要看增量，更要看质量，要着力实现有质量、有效益、没水分、可持续的增长，着力在转变经济发展方式、优化经济结构、改善生态环境、提高发展质量和效益中实现经济增长。”① 这是一个务实的要求，是全党努力的方向。我们注意到，党的十八届五中全会不仅提出了“十三五”规划的建议，而且明确要求全党各地区各级党组织要确保规划建议的目标任务落到实处。为此，就要提高党的各地区各级党组织和广大党员干部的实干能力。这里所讲的“实”，首先是制定的规划纲要和专项规划要符合实际，其次是确定的目标任务包括各类指标要实，再次是实现目标任务和各类指标的措施要实。由于我国经济长期向好的基本面没有改变，但发展不平衡、不协调、不可持续问题仍然突出，全面建成小康社会在一些方面存在明显的短板。在这样的环境下领导经济社会发展，必须以“实干兴邦”的精神，深入实际、深入基层、深入群众，有针对性地解决瓶颈性问题。只有这样，才能做到应对复杂局面泰然自若、化解风险挑战胜券在握，实现“十三五”规划各项目标任务，全面建成小康社会。

综上所述，全面从严治党，不仅要增强党的拒腐防变和抵御风险的能力，而且要提高党的领导和执政能力，尤其是领导经济社会发展的能力。只有把“拒腐防变和抵御风险的能力”同“提高党的领导和执政能力”这两个方面的能力都提升了，并且有适应今天需要的重点，才能实现全面建成小康社会决胜阶段的全部任务。

---

① 习近平：《关于〈中共中央关于制定国民经济和社会发展第十三个五年规划的建议〉的说明》，载《人民日报》，2015－11－04。

结束语

在全面从严治党中实现中华民族的伟大复兴

为实现“中国梦”而奋斗，是以习近平同志为总书记的党中央向全党全国人民发出的伟大号召。对于党的建设来说，这一号召既体现了党对国家、民族、人民的政治责任，又明确了当前加强党的建设、全面从严治党的中心任务。

我们党重视党的建设，不仅十分重视自身建设，而且十分注意始终围绕党的中心任务来加强自身建设。“中国梦”的提出，对于党的建设来说，最重要的，是回答了当前条件下加强党的建设是为了什么。也就是说，今天我们加强党的建设，是为了实现中华民族伟大复兴的“中国梦”。

在中国共产党的建设史上，有许多重要的经验，也有许多深刻的教训。加强党的建设，是为了完成党所肩负的政治任务；反过来，如果党的政治路线错了，党的建设就会迷失方向。这就是党的建设与党的政治路线、政治任务之间的辩证关系。比如在“文化大革命”时期，党的政治路线错了，党再怎么加强自身建设，其最终结果都是错的。政治路线和政治任务的正确与否，关系到党的建设的成效如何。所以，在加强党的建设的时候，政治路线和政治任务的正确是一个极其重要的前提。我们已经说过，“中国梦”以生动形象的语言，反映了近代以来在中国社会内部涌动着并紧密结合在一起的爱国主义和社会主义两大进步思潮的要求，凝结着近代以来中国历代志士仁人的理想、当代中国的追求和未来中国的走向，是连接中国的历史、现实和未来的民族复兴之梦。因此，“中国梦”的提出，对于党的建设的意义，就是明确了当前条件下加强党的建设的中心任务。

事实上，党的建设包括狭义的和广义的两种。狭义的“党的建设”，就是我们常说的思想建设、组织建设、作风建设、制度建设这四大建设，现在又加了一个反腐倡廉建设。在广义的“党的建设”中，不仅包括党的思想建设、组织建设、作风建设、反腐倡廉建设和制度建设，还包括政治建设。党的政治建设，最重要的，就是要制定一条正确的政治路线，确定正确的政治任务。我们都知道，“中国梦”不是空洞的口号，也不是遥遥无期的梦想，而是我们今天面临的紧迫而又繁重的任务，就是要完成两大历史使命——到建党 100 年的时候，全面建成小康社会，同时基本实现工业化；到建国 100 年的时候，将中国建成富强民主文明和谐的社会主义现代化国家，实现中华民族的伟大复兴。正如党的十八大报告开宗明义指出的：“此时此刻，我们有一个共同的感觉：经过九十多年艰苦奋斗，我们党团结带领全国各族人民，把贫穷落后的旧中国变成日益走向繁荣富强的新中国，中华民族伟大复兴展现出光明前景。我们对党和人民创造的历史伟业倍加自豪，对党和人民确立的理想信念倍加坚定，对党肩负的历史责任倍加清醒。”① 在这个意义上，“中国梦”的提出，本身就是加强党的建设的一大举措。当前，我们加强党的建设，坚持全面从严治党，只

---

① 胡锦涛:《坚定不移沿着中国特色社会主义道路前进　为全面建成小康社会而奋斗》，1 页。

能围绕而不能干扰甚至偏离实现中华民族伟大复兴这一中心任务，只能围绕而不能干扰甚至偏离实现“中国梦”这一奋斗目标。

总之，我们讲“办好中国的事情，关键在党”，中国今天最大的事情就是实现“两个一百年”的奋斗目标和“中国梦”。同样的道理是：抓好党的建设这个“关键”，就是为了实现“两个一百年”的奋斗目标和“中国梦”。这也就是“办好中国的事情”与“关键在党”这两者的辩证关系，这是必须时时刻刻牢牢记住的基本道理！